U0811195

我们的文学伊甸园

北京语言大学留学生的文学课堂

齐一民 编著

2020 年是特殊的一年，
从动到静，在静中感悟人生，
透析生活的真谛，
尝试“浴火重生”，
这便是《我们的文学伊甸园》。

OUR PARADISE OF LITERATURE

文化发展出版社
Cultural Development Press
·北京·

图书在版编目（CIP）数据

我们的文学伊甸园 / 齐一民编著 . — 北京 ：文化发展出版社，2023.6
ISBN 978-7-5142-3933-1

Ⅰ . ①我… Ⅱ . ①齐… Ⅲ . ①汉语－对外汉语教学－教学研究 Ⅳ . ① H195.3

中国国家版本馆 CIP 数据核字 (2023) 第 080095 号

我们的文学伊甸园

齐一民　编著

出 版 人：宋　娜
责任编辑：周　蕾　　　　　责任校对：岳智勇
责任印制：邓辉明　　　　　封面设计：晴晨时代
出版发行：文化发展出版社（北京市翠微路 2 号 邮编：100036）
网　　址：www.wenhuafazhan.com
经　　销：全国新华书店
印　　刷：河北赛文印刷有限公司

开　　本：710mm × 1000mm 1/16
字　　数：275 千字
印　　张：21.25
版　　次：2023 年 6 月第 1 版
印　　次：2023 年 6 月第 1 次印刷

定　　价：68.00 元
I S B N：978-7-5142-3933-1

◆ 如有印装质量问题，请电话联系：0316-3654596

序 | Preface

2020年，中国的庚子年，面对突如其来的疫情我们决定用读书抵御其造成的恐慌，于是《我们的文学伊甸园》应运而生，成为“宅者”闲思的证明。

认识作家齐一民老师得益于北京语言大学高级翻译学院开设留学生汉语语言提高课程。他是北大博士，斯文书生，作协作家，运用多种语言如探囊取物。他社会经验丰富，知识宽广厚实，以授业解惑为任，教书爱生如己，说他上知天文下知地理毫不夸张。他是我心中理想的教授汉语和翻译课程的称职老师。来自亚洲、非洲、欧洲、北美洲等地的年轻学子会集在高翻学院，与中国学生同校同堂，他们的母语体系繁多，但汉语却是他们的主修语言；虽然他们都有汉语资格证书，也通过了专门的汉语和母语入学考试，但水平仍参差不齐。在学习翻译的同时提高语言水平，这是开设语言进修课的初衷。

一天清晨，与齐老师在学校偶遇，看到他手里托着一大摞刚买回且带着墨香的多种报刊，说课上要分发给大家，就一个相同主题看各报刊的不同报道和分析。

每次见到他，他书包都沉甸甸的，里面装满需要分发给学生的参考资料。如何提升学生的汉语语言水平？如何让他们更多地了解中国文化和中国历史？如何通过阅读写作提升他们的翻译水平？如何在特殊 的情况下远程与学生实现高质量的指导和沟通？无数问号变成了一个以学生为中心、以阅读写作为基础，行之有效的互动式教学模式。

2019年放假前，齐一民老师给每位学生推荐了一部中外文学著作，要求仔细阅读，并在此基础上完成至少三份阅读报告。一是作家和译者研究，要点是作家（译者）的生平和成就，作家（译者）与所处时代的关系。作品研究包括作品的结构、故事情节、写作风格、语言特色等，也包括该作家、作品在海外的译介情况，是否被翻译成了同学们的母语、在自己国家被接受的情况等。二是翻译研究，要求详细了解译者的背景、翻译作品、翻译生涯、翻译特色等。有兴趣的同学还可尝试翻译作品段落。三是阅读体会和心得（读后感），需说明喜欢或不喜欢的理由。同学们还可选择一部自己喜爱的、自己国家出版的母语文学著作，按照以上步骤总结，要求能从“是否值得翻译成中文”角度思考，分析翻译成汉语后的市场可行性，比如谁将是“目标读者”等。这种课程设计旨在培养了解中国文化、能上手翻译、搭建中国与各国沟通桥梁的年轻人，让汉语语言提升课程有了具体的目标和行动。

线上互动让每个人的灵感激增，思想不断丰盈。4个月内，师生携手完成了40篇文学著作读书报告和30篇“我是大作家”写作实践。不同语言文化背景，不同家庭和成长经历，在面对作家、作品和现实时，学生们有着相近或各异的触动与感悟。一个个灵魂的拷问，一行行感动的泪花，齐一民老师随之“洋洋洒洒”侃侃而谈，泼墨于纸上，漫谈对作家的认知，畅聊对人生的理解。

“读进去”并读出“共鸣”或“感悟”，这是课程要求，更是读书的意义所在。“这是我第一次读这么长的书。”“感谢我选择了这本书！正所谓‘文学是通向心灵自由的途径。’”“没有了生命，一切会是再无黑暗与灿烂之分，唯有活下去，才能碰上生活的甜蜜。”“这次寒假不那么幸运，发生很多令人不快的事儿，让我觉得很郁闷，但是读了《窗边的小豆豆》这本小说之后，我发现生活有时候发生变化是正常的。我觉得自己很幸运能够看到这本小说。等我以后有了孩子，肯定推荐他们看呢。”“这次选择读《围城》没有后悔，看完后除了有成就感，我脑海里还充满了疑问与思考——好书的标志究竟是什么。”齐老师的点评更是铿锵有力，“十分契诃夫！”“带有鲁迅的讽刺性和批判性，报告写得很棒，抓住了作品的精髓和内涵，坚持下去会成为作家或翻译家。”“阅读写作威力无穷！”除此之外，“伊甸园”中的抒情表达、名言引用更是精彩绝伦。发自肺腑的情感，细致专业的点评，或成为生日礼物，或变为后续阅读和思考的行进图，或描绘出作家（译者）成长导图，抑或变成推进器，鼓励学生最终下决心成为作家或翻译行业同路人。

还有一种场景，叫鼓励的同时被感动。“读诗正言同学的读书报告总是给我一种期待和享受，并禁不住受到你语言的蛊惑。上次我就买了一本你介绍的《在我母亲家的三天》，果然非常棒，读完还写了一篇阅读笔记。这次还没看完就匆忙从‘孔网’上买了一本《还乡之谜》。”

齐一民与“宅者”们在文学的海洋中的静思，讲文学故事，叙常人常事。思想的火花在笔尖中孕育，闪光的作品在创作中生成。2020年是特殊的一年，从动到静，在静中感悟人生，透析生活的真谛，尝试“浴火重生”，这便是《我们的文学伊甸园》。

刘和平

2021 年 1 月 22 日

目录 | Contents

我们的文学伊甸园
北语留学生的文学课

001 上 篇 文学著作读书报告

269 附 录 齐一民老师的上课情景札记

Part One | 上　篇

文学著作读书报告

开放艺术视野，热爱文学读写

——中外作品阅读与创作实践

第二学期

（2020 年 2—6 月）

课程背景介绍

教学方式说明：本学期为网络授课，用班级群和电子邮件函授。

具体做法：每位同学写完读书报告或文学创作后，发到老师邮箱和班级群里各一份。我点评后也把评语发到群中。这样，大家就能够“奇文共赏”——每个同学虽然天各一方，分布在五大洲，但却能分享几十本书籍的深度阅读体验和大家的写作成果。

作业分两种，第一种是“读书报告”，第二种是主题为“我是大作家”的写作。

本学期的教学重点是：文学著作的理解和阅读——从翻译的角度。由于上学期末每位同学都从教师处拿到过一部中外文学著作，并已经在 2 月初布置让大家开始仔细阅读，因此，从上课第一周开始要求所有同学在阅读著作的基础上，提交三种读书报告。

第一种读书报告的视角是研究作家和译者。注意报告包含的要点：作家和译者生平；作家和译者写（译）成就；作家和译者及他们时代的关系等。作家和译者的作品研究包括：作品结构、故事情节、写作风格、语言特色等方面。要求同学们能用自己的语言写作品梗概，并能描述该作品的叙事风格，尤其要留意作品的写作语言，体会该作家的语言特点和行文方式。作家、作品在文学史的地位和影响研究：包括作家、作品所属的流派（如果有），在现当代中外文学中的位置及影响等。

第二种读书报告的视角是从翻译角度研究作品：该作家、作品在海外的译介情况，具体包括是否被翻译成了同学们所在国的母语、被接受的情况等。如果是译文，详细了解翻译家的背景、翻译作品、翻译生涯、翻译特色等。有兴趣的话，同学们可尝试翻译作品段落。

第三种读书报告的撰写。作品总体的阅读体会和心得（读后感）：比如是否喜欢，为什么喜欢该作品等。

中外文学的翻译交流是双向的，向他国读者推广自己国家的名著和新作，也是翻译家的使命和职责。因此，如果在国外的同学手头无法找到第二本中文著作，可选择一部自己喜爱的、自己国家出版的母语文学著作，按照以上步骤总结，要求从“是否值得翻译成中文”的角度思考，分析作品翻译成汉语后的市场可行性，比如谁将是“目标读者”等。

这学期之所以要求按上述步骤进行汉语文学作品研究，目的是锻炼同学们用学术眼光审视阅读对象，只有经过“略有几分机械和枯燥”的系统训练，才能形成职业的阅读习惯，作为专业翻译人员，才能用科学的程序和方法选择翻译对象，然后才能动手翻译，最终成为翻译大家。

读余华的《活着》

金涛焕（韩国）

报告略

齐老师点评

金涛焕同学的这份报告带给我莫大的惊喜！

首先，涛焕同学报告的结构，是完全按照作业规范做的，这样就达到了预先设定的目的——从整体而不是局部，去“观照、透视”一部中文作品。更让我惊喜的是，他能和韩文一对一地对照着读，那么，这就“严重超标”了。（一笑！）

我自己阅读《活着》是在20多年前，十分感动，也曾在一次《北京文学》的纪念会上见过余华一面，我对余华“满意”的是读过他早期的书，从写作角度受到过启发，不满意的是他后期的作品，比如《兄弟》以及他近些年创作上的止步不前。不过，任何作家的作品，只要是写了，就有其价值和意义。比如，这部享誉世界的《活着》，正如金同学所言，即便篇幅不长，却是中国现代史的缩影，尤其是2020年全球在新型冠状病毒感染中煎熬的时刻，每个国家和民族，其实都在不知不觉之中受一部本民族类似《活着》作品的指引和激励。因为今天的"全球抗疫"，谋求的实质是每个国家的延续，是continue to live，继续存活下去！而只有每个民族都成功地"活下去"，由各民族共同组成的"人类大家庭"，才能健康长久地延续和繁荣。因此，此时研究《活着》带给读者的启迪，是截然不同的。

"缠足"被误译的发现十分重要——翻译是文化的介绍和对接，但类似"缠足"这样特有的、不是通常"小的腿脚"的中国特有文化现象，必须通过译者对相关文化的深层了解，才能精准地翻译出来。

"缠足"只是冰山之一角，下面，是幽深的文化，当然，不是光彩的部分。我小的时候曾见过"小脚老太太"，最后一次见是在天坛公园里、17年前的"非典"时期，后来随着老人们的离世，就几乎绝迹了。

无疑，涛煐同学最精彩的内容，在第四部分——译本的分析。他最后的"感言"读着令人备受鼓舞——翻译家的作用，说小可小，只要把两种语言转译即可；说大则无限大，尤其在翻译经典作品时，翻译家是把一个国家的"群体关心"通过你们的译本传播到另外一个文化场域之中，让在一国"火"的、销售量百万计的著作，在另外一国的市场中面对成千上万的读者。因此，每一个字和概念的正确与否万分重要，一旦有错误——比如“缠足”的翻译，在销售量颇大的情形下会被无限扩大，因此，大家不得不谨慎！

最后，《活着》在韩语中被翻译为《人生》，这不会是偶然吧！

读让·菲利普·图森的《浴室》

诗正言（法国）

报告摘录

《浴室》是一部世界性的文学作品。它被翻译成多种语言，包括日语、英语、德语、汉语等。在日本，图森的作品译本非常成功，销量接近 10 万册。

中文译本在中国获得了读者的一致好评。与其他语言翻译相比，中文翻译有一个相当独特的特点：它是由两个翻译人员翻译的。他们是广州大学的教授，已经翻译了“新小说”之父阿兰·罗布－格里耶的作品。图森选择把翻译工作交给这两位经验丰富的翻译家，体现了法国文学在中国图书市场上的一个特点。

中国读者对 19 世纪的浪漫主义文学有着特殊的喜爱。司汤达、巴尔扎克、大仲马、雨果、福楼拜、左拉、莫泊桑、凡尔纳等人的作品都是中国青年文学阅读的一部分。这些色彩缤纷的人物经历着奇妙的冒险，他们必须克服困难才能成为英雄。在 19 世纪的法国浪漫主义文学中，地点和年代有着很强的辨识性。因此，中国读者对法国小说有相当准确的认识。

“新小说”是对传统法国小说风格的一种突破。作为一名译者，很难忠实地尊重作者的原始信息。由于中国读者希望有一个清晰的叙事结构，译者会不自觉地去满足读者的期望。换而言之，一个没有读者的翻译在商业上是失败的。通过选择已经了解“新小说”特点的译者，图森可以确保译文更忠实于原文。

总而言之，图森是现代法语文学最重要的作家之一，但他的私生活却很低调。他恰到好处地描述了他在法国文学界存在的矛盾性质：“我很有名，却又寂寂无闻。”

齐老师点评（2020年3月21日）

首先，我从诗正言同学这篇小论文中，挑不出任何瑕疵；其次，假如我也介绍一个流派和一位作者，他的这篇论文，会被我作为“范文”学习。

更重要的是，他从疫情初始，就一直和家人生活在武汉——一个曾经是英雄、后来是受疫情影响最严重的城市，他能按期完成作业，本身就是一个壮举。因此，我不怀疑他为什么选择《浴室》这个课题——一个小小的空间，不能移动，躲避着外部世界，带着恐惧，却体悟着人生的真谛。在疫区，似乎只有两种选择——生存还是消失，人与人之间所有的外界定义，在瞬间会瓦解，世界是符号，是平的，是简单得不能再简单的，因此，正符合“新小说”的追求。

在欧洲人中，法国人身材不算高大，却天生是思想的巨人，即便有时行动上不那么利落，偶尔有些莽撞，但纯粹的思考和向不可知领域的追问——代替全人类——却是他们独揽的使命。因此，几个世纪以来最新的思潮，几乎都来自法国。他们是人性本质的思想者，自由最彻底的启蒙人。即便我本人对“新小说”的文本兴致不大，但从作家们的小说表现形式上分析，法国人那种“自杀式”的不计后果的勇敢试探，令我发自内心的钦佩。

现在，武汉终于可以松口气了，但愿正言同学——这个中国女婿，能尽快走出几个月自闭的“浴室”，带着家人到长江边上，呼吸新鲜的空气。同时，不久以后，也写出一部自己的文学作品——《我的武汉，我的浴室》。

看了齐老师的评语后，诗同学留言：

今天老师的评价是我最好的生日礼物！

读严歌苓的《陆犯焉识》

家琳（俄罗斯）

今年，本人读完了严歌苓著的长篇小说《陆犯焉识》。这本小说的字数远远超过本人曾看过的其他中文书，这应该是阅读本小说过程中唯一的有难度的事——除了写本文之外。本文分为三个部分（加上结局就是四个部分）：第一部分是作者介绍，主要讲严歌苓个人的生平以及其作品在文学史中的地位；第二部分是作品介绍，主要讲小说基本的内容和一些风格特点；第三部分是角色介绍，是本人最喜欢的，也是最接近"读后感"的部分。

作者介绍

严歌苓是一名美籍华人作家，1958 年出生于上海，毕业于鲁迅文学院和哥伦比亚艺术学院（位于美国芝加哥市，非哥伦比亚大学），目前在好莱坞从事专业编剧工作。严歌苓是当代有名的文学作家之一，代表作品包括《小姨多鹤》《金陵十三钗》《寄居者》《陆犯焉识》等小说。

她的每一部作品都有两个版本（就是她自己写的中文版和英文版），除此之外，她的小说被翻译成法语、荷兰语、西班牙语、日语等多种语言。

很遗憾，或许是俄罗斯人民对当代中文文学的需求较低，本人在本国网上似乎见过一位无名英雄慢慢地翻译了《小姨多鹤》，评论里只有亲戚朋友点赞。俄罗斯人至今对严歌苓的文学作品比较陌生，这一点狠狠地伤了本人的心。原因大概有两个：一是本人的同胞们虽然没听说过严歌苓这个名字，可是他们会看到以她的作品改编的影片，便开始想严歌苓不算什么优秀的作家；二是严歌苓的作品语气以及内容很符合俄罗斯人的思维方式。严歌苓十分善于表达俄罗斯人民很早领悟的那种无边无际的无奈感。拿她的任何一本书翻看，就会发现人生很痛苦，幸福很短暂，感情很费事……这种态度不仅反映出俄罗斯人的心灵常态，也反映了本人对人生的感受。

严歌苓写作的秘诀大概在于她的生活背景：作为一名解放军文艺兵，12 岁的她就投身革命，对当时的文化和小人物很熟（这点在她的短篇小说里也很明显，本人最喜欢的是《爱犬颗韧》和《天浴》，至今还抱怨后者被拍成了一部我不喜欢的电影）。严歌苓偏爱的创作题材包括历史、人性、男女冲突、文化差异等大难题。《陆犯焉识》这部长篇小说也不例外。

作品介绍

《陆犯焉识》这部小说主要讲一个老知识分子的故事，原型为严歌苓的祖父以及他的生活经验。故事时间跨越几十年，包括男主角陆焉识被包办婚姻、在美国留学的经历、抗日战争在重庆躲避的日子、蹲监狱以及劳改的生活、逃跑的企图、赦令归来等。重要的剧情之一是陆焉识及其妻子冯婉喻的爱情，这也是最受读者欢迎的一个部分：她爱他，他却不爱她，过了 30 多年之后他爱上了自己记忆里的她，一回到她的身边却发现，患有失忆症的她已经认不出自己……剧情虽然看起来有点“狗血”，但是在书上读起来还好，很动人。本人唯一的意见就是，读那些跟老爷爷、老奶奶肉体有关的部分实在太令人尴尬了，因为本书的旁白是他俩的孙女冯学峰。幸好，大部分时间这一点可以被忽略。

本书最明显的特点是倒叙的应用，这样可以让读者慢慢积累对角色以及事件的理解和感受。作为一个非母语者，本人不敢去分析严歌苓的语言特点，这种语言风格是否成功达到了严歌苓原先的目的，这个问题更适合中国专家，本人只是比较喜欢这部小说的语气而已。

角色介绍

本书的角色众多。主角和配角都很真实，每个人的性格像眼前的人一样全面而复杂。对于本人而言，印象最深的是陆冯全家（包括恩娘）、少年犯梁葫芦、在劳改农场工作的邓指，以及宇宙头号混蛋大卫·韦。不过由于个人的原因，本人想先分享一下自己家族的一个故事。

本人也算是一个知识分子的后代，外曾祖父马克西·库普非尔曾是个大工程师，会七种语言（俄语、德语、英语、法语，其他三种本人也不清楚，反正自己一辈子都达不到这么厉害的水平），有八个孩子，还有钱、有房、有车，日子过得不错，也很知足。问题是，他的教育水平和身份，甚至他的日耳曼姓氏都让人觉得很可疑。对此，本人的外曾祖父并不是一无所知。20 世纪 30 年代，喜欢打小报告的人很多，外曾祖父的朋友也不少，一有了拘票，就会有人来做客并小声说："你还是搬个家吧。"外曾祖父就搬了。其实他搬了好几次家——为了自己，也为了自己的妻儿。在赢得了一年多的自由生活后，还是被抓住了，被送到了马格尼特格尔斯克钢铁厂。我们家族至今在那边生活，呼吸着那边的空气。虽然空气是脏脏的，但还是要感谢外曾祖父，以及其他劳改犯多年前的辛苦劳动。

本人为什么要想起这个再有趣不过的旧闻？就是因为我从小就知道

这个故事，所以才有点想向陆焉识这个角色发牢骚：作死好玩吗？好好混下去不比写讽刺文章有意义吗？连我这个最容易发脾气的人都不得不承认，陆焉识再怎么讨厌也不该受那么大罪。他劳改犯的地位“低于”强奸犯，怎么看都不公平。再说，他也不是一辈子都这么讨厌，本人甚至有点喜欢老年的他，而且他教给孙女冯学峰以下的这两句话到现在还留在我的脑海，“碰上跟文字打交道的事情，能不做就不做。到头来都是吃力不讨好。”“你想想看，我还要荣誉干什么？”

真是一个了不起的老头！

接下来是冯婉喻。在某种程度上，她很像她老公，和年轻的她相比，本人更喜欢上了年纪的她，哪怕患有了阿尔茨海默病，本人都喜欢。一个原因是，严歌苓把她的老年心理状态写得非常真实，让本人想起碧翠丝·马男这个角色（力推老师查看她是谁）。另一个原因是，老年的冯婉喻霸气倔强，好像把前半辈子所积攒的委屈都合在一起，开始让他人委屈。在获得了阿尔茨海默病给予的自由之后，她又骂人又打人，真令读者欢呼。在此之前，她整个人只能让读者感到哀怜和恐惧。怎么恐惧呢？就是她和老公之间的误会很吓人：人家不喜欢她，只是把她当成一个人体孵化器，并且乐意享受她创造的舒适家庭环境，简直是中国版的托尔斯泰（不长胡子的那种），而她始终相信陆焉识只是怕把恩娘气死而已，恩娘不在的话，陆焉识就会对她热情洋溢。实际上陆焉识这个男人需要蹲 20 年的劳改场才会意识到自己的老婆多么值得疼爱。最后，他回到上海也不能被她认出来，实在让人哭笑不得。

话说，恩娘这个角色差点让本人坠入爱河。如此能流泪、能撒娇的漂亮的寡妇怎么会不讨人喜欢呢？她对自己的养子焉识的感情本人就不说了，反正好孩子看不懂。

陆焉识与冯婉喻的长女冯丹琼和长子冯子烨居然有点像本人的大

姨和小舅，一个是痴心妄想的老八婆，另一个是善于吵架的老胖子。就是冯丹珏没有本人家族人的对照，这也太遗憾了，因为本人挺喜欢这个成功的“女光棍”的。她虽说看起来愤世嫉俗，却很关心自己的母亲，让人心疼。说到这儿，本人也不能不想起来另一个跟冯丹珏百分之百相反的角色：这个角色又是男的，又没有学问的，又没有成功，还打死自己的母亲，他就是梁葫芦。这个少年犯和冯丹珏的共同点大概只有两个：二者都是单身（梁葫芦是因为被枪决了才来不及找对象的，为此本人替全球所有女性松一口气），也是陆焉识的孩子。本人非常喜欢那种在表面上有矛盾的角色，比如，看到小凶手每次给干爹陆焉识打饭，本人就忍俊不禁。看到他给自己弟妹留下遗产，也让本人哭出两行超级细的泪。

谈到陆焉识劳改的日子，不得不提到邓指和大卫·韦这两个角色。刀子嘴豆腐心的邓指帮助陆焉识在劳改营凑合地混下去，甚至救了他一命，而不知羞耻的大卫·韦则完全忘恩负义，把陆焉识推到“文革”靶子的位置。他俩让本人想起来 DnD 角色表。（老师没接触过的话，本人强烈推荐玩一下。DnD 就是“龙与地下城”，它是一款桌上角色扮演游戏。）

可见，游戏者可以用两个角度来看每一个角色：一是他或她是否遵守规矩（他人或自己决定的），二是他或她对他人心意的好坏。大卫·韦这浑蛋一开口，本人就想打他一耳光，边打边喊：“你为什么不好好做人？”可是拿到这个角色表，问题就没了，心情也好了一些：原来大卫·韦是个守序邪恶，为了自己的理想而十分乐意毁灭身边人的人。故事里没有他这样一个人也不行。

至于其他角色属于什么，这个问题很值得大家思考，也可以作为一个很好的课堂讨论题目。

结局

总而言之，这部小说虽然算不上什么大杰作，但还是符合本人对虚构文学作品的要求：《陆犯焉识》拥有优质的结构、明显的吸引力以及有趣的角色等优点。由于专业能力不足，本人想都不敢想把这本书翻译成俄语，希望早日会有更勇敢的人来翻译它，这样本人不讲汉语的亲戚朋友也可以感受一下当代中国文学。

本人的读书报告就到此，感谢阅读。

齐老师点评（2020年3月20日）

首先，家琳同学的读书报告基本符合我们作业安排的“结构”要求，对阅读对象进行了分块的“解剖”——研究生和本科生不一样，要掌握“体系性”思维能力，并形成习惯。这种习惯的养成，对大家今后客观评价一部书的翻译价值和可能性十分重要。

其次，报告说“第一次读这么长的中文书”——这是个值得祝贺的突破，也是“非常时期”的额外收获。一般对非母语书，最大的挑战是“通读”——比如我自己学了多年英文，除了上学读专业书外，至今也没养成通读英文文学作品的习惯和能力，一是语言问题，二是惰性。因此，家琳能把严歌苓的这部长篇小说通读、细读，就是大收获了。本学期我们的目标是“不惧怕通读”。家琳不仅通读，而且还细读了，这很了不起——这从她对作品中人物老到透彻的分析就能看出。我家就有一本《陆犯焉识》，我都没读进去。

家琳报告的另外一个特色是能把“作品”和本国文学与自己家族的经历联系起来——或许，这正是她选择这部书的原因。文学最终是要用真实情感“结缘”的——无论是写作、阅读、评论，还是翻译，后三个步骤都是和作品“谈恋爱”——都需要感觉、感情的注入，而家琳的这篇读书报告做到了——哪怕是爱恨都不太深且用居高临下的骄傲态度点评。

最后值得称道的是家琳同学读书报告中极其富有特色的语言：家琳的语言十分“契诃夫”“鲁迅”——具有强烈的讽刺和批判性，选词个性鲜明（比如喜欢用“本人”称呼自己），还有从非母语角度提出的稀罕有趣论点（比如问为什么“珏”不念“玉”），刻薄而睿智，达到了汉语写作少有的随心所欲和老辣，思路清晰，进出自由，值得夸赞和敬佩！

最后，建议家琳读读鲁迅的书，他可能和你“臭味相投”，并建议把契诃夫当作榜样，今后在阅读、翻译的同时不时在报刊上发表评论文章和文学作品，最终成为俄罗斯大作家和翻译家。

读萧红的《我的野心，是做一个自由的人》

董妙（美国）

报告摘录

今年春季学期我读的第一本书是萧红写的《我的野心，是做一个自由的人》。我之所以选择这部文集是因为它的标题。从书名上看，没有任何关于内容的其他信息，也可以看出，这本书的主角也许是一个经历了一些磨难并因此变得更加坚强的人。遗憾的是，我对中国作家没有广泛的了解。读完这本文集，研究了作者，很高兴我的直觉选择了这本书。这部书的主角实际上是作者本人，详细描述了她在生活中的经历和遇到的人。（这是最佳的阅读状态！）这本书是她用一生写的散文集。在下面的文章中，我将介绍作者、描述作品、简述作者的影响和她同时代的人并提出我自己的意见。

就我个人而言，我对中国文学并不太熟悉，以前从未听说过萧红。我选这本书是因为书名。在我读了前几个故事后，我对她的文章着迷了。我感受到了她所感受到的情感，我能想象出那些人和风景，就好像我真的在故事里一样。当我读这本书的时候，我没有对她做任何研究。通过阅读这本书，我可以理解。她从一开始就经历了艰辛的生活。她母亲去世了，父亲不是个好人，家人不关心她，家里唯一爱她的人（她祖父）也去世了。在散文《祖父死了的时候》中，我也可以感受到她祖父去世时她的情绪。这一章，《花狗》和《回忆鲁迅先生》两篇让我哭了。在《花狗》中，一只狗因主人的疏忽而在寒冷中死去。这只狗陪伴它的主人很多年了，但是当它的主人知道儿子要回家时，她开始忽视这只狗。那只狗与另一只动物打架，受了重伤。主人什么也没做。狗死了，主人好几天都没注意到。一个邻居告诉那个女人她的狗死了，主人并不在乎。很多人认为狗是因为受伤而死的，但萧红写道，狗是因为孤独和寒冷而死的。可以想象这只狗因为它最爱的人忽视了它而慢慢死去。我认为，虽然这是她目睹的一幕，但这最终也可能成为她生命的隐喻。许多她爱的男人抛弃了她，所以她生命的一部分慢慢地从忽视中消失了。

至于《回忆鲁迅先生》，在读之前我甚至不知道她认识他。在读了之后，我发现她和他很亲近，他对她产生了积极的影响。我对他们的关系做了一些研究，我个人认为她一生中最爱的男人是她的祖父和鲁迅。她的男朋友或丈夫在她生活中产生的影响，都无法与这两个男人相媲美。我觉得这两个男人只和她在一起很短的时间，真是太悲哀了，但即使在逆境中，她也努力创作出超越时代的美丽作品。我想，如果她的生命更长一些，她将创造更多的作品。她非常喜欢写作，以至于临终前还在写作。真的很庆幸我选择了这本书来阅读，让我了解更多关于这个有创造力和才华的女人。我打算下一步读《生死场》。

齐老师点评

董妙的作业对散文集《我的野心，是做一个自由的人》这部她原来完全不知道的书和女作者萧红进行了概述。这是一种最好的阅读状态——在读书前没有任何“预设”，即先入为主的观念，这才是最真实的阅读感觉。相比之下，我们很多时候都是先闻其声，再随着大家去被动地读书，那反而是不真诚的。

细想，人的一生中绝大多数的阅读几乎都是“被动的”——是为阅读而阅读，去追逐从别人那里久闻其名的“名著”。因此，董妙同学能偶然拿到这部“民国才女”萧红的散文集，而喜欢，而被感动，随后，又从译介的角度、女作家生平的角度、交友的角度，步步跟踪下去，并希冀去读她的其他作品——这条阅读路线是最理想、最自然和最情不自禁的。

我能预见董妙同学今后的进一步深入——从一位女性作家入手，到民国时期的文学圈子，再到鲁迅在其中的作用。这仿佛是先发现了一个金矿的缝隙，然后一点点挖掘下去，过些年后你挖到的，就是一座富饶庞大的金矿了。

民国文学被有些人称为中国现代文学的“黄金时代”，英年早逝的萧红，就是其中一块最闪亮、永不失掉光芒的金子。

最后，这个散文集的名字非常好——《我的野心，是做一个自由的人》，因为，文学就是通向心灵自由的途径。

读鲁迅的《野草》

白兰（俄罗斯）

报告摘录

我一直有阅读的习惯，每个假期，每个周末都会选择一些书籍来阅读，增长自己的知识，丰富自己的精神世界。通过书籍了解不同地区、不同历史年代人们的生活习惯、精神世界、人文交流（齐老师：好习惯！）。这个学期开始之前，我在老师的推荐下，选择了《野草》这本书，想通过这本书更多地了解中国的现代文学和社会发展历程。通过阅读这本书，我对作者鲁迅，对汉语文化有了更深入的了解。

读完鲁迅这本诗集之后，我对中国文学有了更多的了解，同时也开始更多地思考人生的意义、生活的意义、对与错的边界、人与人的关系和社会现状，以提升自己的思想高度，也让我对于生活点滴思索许多。希望自己努力地学习、工作，为社会做出自己的贡献。

《野草》，这本书的名字，是那么的平凡，那么的普通，那么的弱小，但又是那么的伟大、那么的坚强。野草在我们周围处处可见，但是毫不起眼的它们，却拥有一种不屈不挠的精神。这种精神在鲁迅先生笔下的

《野草》中得到了充分的体现。

齐老师点评

白兰同学的这篇读书报告流畅完整，在细致中暗藏张力，语言引而不发，道理阐述清晰明了。

开篇明义，白兰说她喜欢阅读，这是一个难得的好习惯。在物质丰富、科技发达的今天，眼下学生、学者纯粹以读书为乐趣的已然不多，能坚持的更少，希望你能把阅读当成终身爱好。

鲁迅曾要求青年人："一要生存，二要温饱，三要发展。"对于从事翻译事业的同学们来说，理解鲁迅的这两句话十分必要。所谓"生存"，就是谋生，所谓"发展"，就是追求自己所爱，只有二者兼能，才能事业长久。

翻译出精品属于"发展"。翻译的过程就伴随着终身阅读。从技术角度看，只有通过广泛阅读，才能从书中获得更多的语言修养，而语言是变化着的，因此阅读不能停止，是语言技巧得以更新的途径。如此说，终身阅读也是当翻译家的必需。

我最喜欢读鲁迅的书，他是中国现代文学集大成者。鲁迅的书是活着的，仿佛野草一样永远不会枯死。

同学们如果能喜欢上鲁迅的书，就没白花这么多年学习中文。

我自己的体会：鲁迅是高出托尔斯泰、屠格涅夫的——尽管后两位是他的老师。他的书并不会因时代的变革而失去效用，恰恰相反，由于他所有作品都“以恶为敌”，那么，只要世界上罪恶不除——这一点是肯定的，那么，鲁迅作为“疫苗”的作用，就永远不会无用。

我的体会——一旦你喜欢上、爱上鲁迅的书，别人的书，就提不起你的兴趣了。

概括野草的品格——“野火烧不尽，春风吹又生”——用白居易的诗。

读东野圭吾的《恶意》

吴喜锡（韩国）

报告摘录

在读《恶意》之前，我曾经读过好多日本作家的作品。从《嫌疑人 X 的献身》开始，我不仅读过东野圭吾的作品，其他吸引我注意力的作品也都读过。通过广泛阅读，我发现这本《恶意》也是相当不错的作品。《恶意》一开始给我的感觉是阴冷灰暗，充满着寒意，这种寒意会侵入我们的四肢甚至骨髓。

读完之后，我还是觉得世界上最可怕的动物就是人类。虽然这是一本小说，但要是在现实中发生了这种事情，那也太可怕了。人类是基于冲动和欲望来把什么事情都能搞得对自己有利，又是绝对不会放低警惕的可怕的动物。不愧是东野圭吾，把人物之间的事情和他们心理的情绪描述得非常到位。看着看着都让人认为这种事情要是真的在我身上发生的话，我应该怎么去应对？我打算下一本书也读东野圭吾的作品。

齐老师点评

首先，祝贺小吴同学，这无疑是一篇高水准的读书报告：你的心思非常缜密，你有文学理解的天赋，你选择文学这条道路，是天意。

你的阅读有着“韩日式”的细致，同时也是青春的。在中国，很多年轻人都喜欢东野圭吾的书，这引发了我这个老写书人的妒意（一笑）。我在北京大学的一个同门师妹，名字叫史诗，据说是著名的“东野翻译家”，而我这个按说是日本文学半个专业的人，却只喜欢读夏目漱石等老一代作家的书，这就是代沟。

代沟有时候，是没必要逾越的。

在日本当代文学中，推理破案小说是一个专门系列。推理小说起源于欧美，但现在，日本的推理小说和影视或许是全世界最发达的。据我所知最早进入中国的有松本清张的《沙器》，还有根据其改编的电影。

我猜想：韩国的推理小说和电视剧，可能也在日本影响下比较发达，但推理破案题材在中国文学中虽有，却不是主流。读一部书，能读进去，沉浸其中，难以释怀，是幸福状态，有点醉酒的意思。

说到日记体的“主观”叙述，这是一个写小说技巧的问题，要想知道更多，请读读叙事学专业书。北大申丹老师有一部《英美小说叙事学》，讲得最清楚。

还有和这部《恶意》相似的，记忆中有土耳其作家帕慕克的《我的名字叫红》，也是用很多人的口吻从不同的角度说故事。

写小说用谁的眼睛看世界、用哪种讲故事方法、用谁的嘴说话，专业点说是“全知叙事”与否的问题。

全知视觉是客观的，从天上看地下，讲述看见的一切，而“日记体”呢，则是让故事参与人用自己的眼光打量世界并说明发生的一切。故事创作可以选择后者，关键是你信还是不信？好比审判一个嫌疑人，他说了，你听了，至于真假，还需要把“镜头”再拉高到天上，用俯瞰的视角——perspective 审查，综合分析后，才能拼凑成一个完整的故事。

我自己也写过多部小说、用过不同的叙事口吻讲故事，我的经验是：当你想讲一个非常宏观博大，包罗万象的故事时，必须用“全知方法”、用客观的方法讲故事。故事中不要有作者自己（我）；但是，当你想描述微观的、眼前发生的景物时，可以用“我”的口吻写。还有一个窍门：把无数个“我”的观察集结起来，也能达到宏观描述的效果。

总之，这要根据“写什么”来选择“怎么写”，因为“写什么”决定“怎么写”。

咱们下一个小作业，就是请同学们自己写作，体验当一次作家——过一个星期以后，那时候，小吴同学，你自己体会吧！

至于世界上为何还会有“恶意”，没错，现实确实如此，但我们仍然要用善意回复。

读里尔克的《给青年诗人的信》

赵佳一（埃及）

报告摘录

书是人类的灵魂，读书可以使人获得智慧。读一本好书，可以提高人的觉悟，升华人的意识，提升人的境界，让人的身心在理论和实践中得到成长。无论从生活中、工作中，还是其他方面，都有值得看的一本书。

《给青年诗人的信》是我正式开始读的第一本文学作品。

初读《给青年诗人的信》，我感觉有点难，因为要很静的心才可以读。这的确是一本走向内心的作品，把自己代入当作收信人，去思考爱、性、孤独、寂寞、工作、生活。可能我们更多要学会向内取，而不是向外求，人生的很多大方向不是参考外在的对象而是内心的自己，学会享受孤独，独立思考。生活本就无味，看你怎样品尝。短短十封信，却道出无数思考，适合寂寞时细细品读。十封信使我感触很深。我第一次为一本作品读好几遍，因为它很短，如果我的汉语水平跟中国人一样的话，那么可以在三个小时之内就读完。

从翻开第一页起我就被这本作品深深吸引了，那些文字把我带去森林、海边、星空。我和每一封信都亲密接触。而这本作品最让我喜欢的是，它看似平凡却含有很深的思想内涵，并且值得读者细细品味，它教会读者正确的人生态度价值观。作者毫不吝惜地将自己的人生理想，对待人生的方法和价值标准与读者分享。这种过来人的经验犹如一盏明灯，让处在迷茫中的青年们找到了正确的道路。

《给青年诗人的信》是美好所在，看这本小说的过程中，感觉每一封信都令人感动，每一封信都会给人带来新的感受，很多的话读来浅显易懂，却是我们往日思考过，但无法表达出来的。我们只有结合自己的经历，才能体会出话中含义。在这本作品中，总能发现某一个触动你内心的句子，我的语言已经无法表达对这十封信的赞美，这就是“无言之美”吧。

齐老师点评

佳一同学的报告我最高兴看到的，还是她说这部里尔克的《给青年诗人的信》是她阅读的第一部中文书：世界上一切事情都是从“一”开始的，作为老师，在这个全球都人心惶惶的非常时期，我能带领大家开始这个“一”，用读书克服恐慌，是非常满意的。

里尔克和冯至：一个著名的德语现代作家，一个著名的德国文学教授和翻译家。在中国现代作家中，能研究德语文学同时又是翻译家和诗人的不多，冯至是其中的一个。这又是一个“多角色互换”的典型例子。

坦率地说，里尔克的诗我不是特别喜欢。德国文学在我印象中就是“过于饱满”，有些像贝多芬的音乐：铿锵有力、旋律动听，却缺少苍凉和忧伤。我更喜欢柴可夫斯基和托尔斯泰，这是个人口味的问题。冯至的诗我也读过，在他的诗里有德式的严谨和中国古典文学的雅致。

冯至写的《杜甫传》，我认为是最好的。

从这部小小的书信集起步，佳一同学可以进一步深入以下两个领域进行研究：一是德国的现代诗歌；二是20世纪中国现代诗歌——从冯至的诗入手。

说到这部集子——《给青年诗人的信》，通过这部书，你能进入的是“作家书信集”的阅读领域，读这类的书是我近一段时期的最爱。在书信中作家说的大都是心里话，感觉十分诚恳，但是要想阅读到这个层面，前提是你要对作家本人非常熟悉——他的代表作品和他的生活。因此，一般在到了一定的年龄、有一定的阅读经验之后，才会对大作家的书信产生兴趣。

至于这本《给青年诗人的信》，佳一同学的阅读感觉非常准确——你认为它很优美也从中获得了很大的启发，在你们这个年龄，这是应该的，因为书中有着很多的正能量和许多能给人以启迪的警句，仿佛是浓缩的“心灵鸡汤”，这正是年轻人需要补充的。还有，你之所以能获得这么良好的阅读快感，是因为作家里尔克在写它的时候十分真诚，而作为读者的你，阅读时用的也是诚心和善意。

读冯唐的《搜神记》

薇蕊（俄罗斯）

报告摘录

我还记得自己在书店决定购买这本书的原因。平常假如我在书店打算是否买一本不认识的作家的图书，我会靠着内心感觉来选择。所以，我打开这本书，看了看第一页的内容，就意识到我需要读这本书。

最开始读《搜神记》的时候，我觉得语言对我有点难。冯唐是一位在多领域中都会有涉猎的人，所以技术、医学、考古学、中国文化——这些内容都是在他的作品中很容易找到，但却难以理解的东西。从外国人的角度来看，这种多样性也有好处：我遇到了很多以前不认识的、不同类的词语和说法，能帮我更好地理解汉语。但是这篇小说中所有故事都描写得很简单，很容易理解每个角色的困惑和情况的复杂性。

我觉得这本书的格式是新颖的，并且很适合现代人的阅读趋势。Instagram、脸书、微信、微博等的现代技术让我们丧失了耐心：读一个信息的时间是几分钟，然后我们就失去兴趣。所以，如果我是一位作家，我可能也会写这样的小说。

虽然我没找到这本书的俄语或者英语翻译，但是冯唐其他书有英语译本。MichelleDeeter翻译的《北京北京》，大卫·海索姆翻译的《不二》和《18岁给我一个姑娘》。谁知道，可能未来我或者我的同学也会把更多冯唐的书翻译成他们的母语。另外，《万物生长》在2015年被拍成电影，而且，可以说不仅是译者对冯唐的作品有兴趣，冯唐自己也具有翻译经验，他翻译过印度作家泰戈尔的一本诗集，有300多首诗。

我相信每位作者都有目标受众。比如，如果我写的是与中国相关的东西，那我的读者肯定是对中国有兴趣的。当我读一本书时，我总是注意到作者如何描述人们的感受和周围环境，我不太管动作的部分。如果作者让我考虑他在书中问的问题，或者让我相信他创造的角色是真正的人，或者有跟其他作家不同的想法和逻辑，那我就喜欢这本书。

齐老师点评

毋庸置疑，薇蕊同学是一个十分专业的读者，这体现在你选择书的眼光和感觉——你选择的这位冯唐，是中国“后现代”作家的代表，也应该是最新潮的中国作家。

跨界——从医生到商人，再到……或许是现代人生活的一种方式，而作家的跨界，使作品的超越成为可能。

从医生转行成作家的人是个颇大的群体——从俄罗斯的契诃夫到现代中国的鲁迅、郭沫若，再到当代的余华（原本是牙医）、毕淑敏、冯唐。值得一提的是，契诃夫直到生命的最后还在履行着医生的职责。

不同的职业用不同的角度观察理解世界。因此，作家和其他专业，并不是矛盾的。

作家有两大使命：一，记录生活；二，用新的语言构建生活。冯唐把两大使命都完成得出类拔萃，尤其是他的行文风格和对词语的把握运用能力，是极为不俗的——这凭借的正是他的天赋。优秀作家的作品随便翻看一页，就能从语言风格上识别出来。

法国的“新小说”不也是在语言边界上进行了前所未有的探索吗？

“语言是存在的家”——海德格尔说，把家建造得更庞大一些，是作家的神圣使命。

冯唐的语言之所以有别于他人，是因为他不同于他人的生活方式和广阔的生活范围——凭之，他在不断突破语言表述的界限，在不停向新的边缘开拓，而这种挑战和突破是一般人即便想做都非常难的——有来自职业的约束、有来自传统家庭的问责，而他不管不顾这些。

冯唐的写作有一个不同于他人之处，就是不断把对“性”的容忍度在自己作品中向可被容许的极限推延，他几乎所有的书都有这个特征。这当然是他的勇敢，但同时在我看来，也是他作为作家的局限。

我认为作家的写作一定要突破生理欲望的本能。在中国这个“性作品”被相对严格限制的国度，倘若你的每一本书都热衷于它，就失去了广泛长久的价值——因为换成其他“成人作品”可以公开贩卖的国度，你的作品就不再是文学和艺术了。

不只是“性”的领域，其他的也是。凡是想在“禁忌”边缘取巧的作家，都要有“假如这种话题谁都能随便写不受限制，那么，我写的还是不是文学”的醒悟。否则，你就是在变相禁锢和消解自己——一旦那个领域被解禁，你的作品价值就会立即失效。

这种在“性”写作上寻求“破局”的例子还有很多，比如福楼拜的《包法利夫人》、乔伊斯的《尤利西斯》、纳博科夫的《洛丽塔》，都曾被批评和查禁，他们最后的举世皆知是由于禁忌的放松，但他们最多只写过那么一两部书。

相反——再回到冯唐的作品的话题——他的语言无疑是天才的杰作，代表着这个时代的边缘，但我认为他的局限，恰是在所有作品中都沉迷于同一个主题——“性”中而不能自拔。在我看来，这就是作茧自缚了。

从“性”开始，又到“性”结束。

读齐天大的《自由之家逸事》

瑞吉娜（俄罗斯）

报告摘录

在此期间，我需要阅读《自由之家逸事——新乔海外职场“蒙难”记》。这本书有 22 万字，于 2012 年 10 月出版。这本书用一种相当简单的语言写成，因此对于那些不是以汉语作为母语的人来说，阅读它并不困难。

这本书仍然与今天有关。尽管它描述的是 20 世纪 90 年代的故事，书中的所有行动都发生在另一个国家，但我们可以说，即使到现在，什么都没有改变，作者提出的所有这些问题都与今天有关。

这本书应该被所有想出国学习、工作或只是生活的人阅读。这本书教导我们不要气馁，不管面对怎样的艰难，我们都应该用幽默对待一切。

齐老师点评

由于《自由之家逸事》是写我自己的书，瑞吉娜同学的报告是最好评，也是最不好评的。好评，是因为我最熟悉自己的书，不好评是因为自己说自己，反而不知道怎么说了。

首先，瑞吉娜同学的报告写得非常完整和出色，达到了训练"怎样研究"一部书的目的。我印象最深的是你说这部书的语言很简洁易读，说明你的汉语水平已经达到很高的水准，已经可以大量阅读中文小说了。希望你涉猎更多其他中文作品，增加阅读量，只有大量阅读才能判断作品的优劣和是否值得翻译。

关于《自由之家逸事》，你的分析和判断是准确的。那是我第一部长篇小说，算是"处女作"，记录的是亲身经历，当然，里面也有艺术的夸张。

25 年前写那个故事的感觉，现在回想有点像是骑上一匹快马，只要马跑起来了，它就有惯性，就会走出不完全是你预先设想的姿态和路线。

你对《自由之家逸事》故事的把握是对的，get 到了笔者想写的 90% 亮点（现在年轻人喜欢用"get"这种句式）。然而，我为什么还保留了 10% 呢？这是想留给未来的几年、当你到第一个"工作单位"开始自己的职场生活之后，那时候，就更能设身处地地体验到职场里真正的喜怒哀乐、苦斗幽默、劳资关系、工友情谊等书中描绘的内容。

读书不仅仅是用眼睛，生活的类似经历——只要是有，也是加深阅读理解力的“助理”：不经历战争就不可能完全读懂托尔斯泰的《战争与和平》，不经历 2020 年的全球疫情就不能深刻理解加缪的《鼠疫》。

有的书年轻的时候读是一种感觉，年老后读起来是另外一种感觉，就是因为你经历得多了，有些经历和作者在写书时的经历重合，于是，就会更透彻理解书里字句的意义。

至于《自由之家逸事》开篇“自由”的翻译方法，有语言游戏的成分，同时也是对“liberty”的费解和疑惑。具体说，在职场中的人不完全是自由的——要“为五斗米折腰”、为挣工资而低头——这是普遍性的，但“自由”还有其他更广泛的意思，其中的全部含义，可能要用一生的时间，最终才能够知道。

读奥斯特洛夫斯基的《钢铁是怎样炼成的》

大勇（法国）

报告摘录

去年夏天，我在一家巴黎的小书店买了我的第一本中文小说：《钢铁是怎样炼成的》。来自中国四川的店员对这本书的称赞使我对它的内容很感兴趣。这是一部追溯苏联时期的小说，它讲述了 1917 年布尔什维克革命的事，出版后它在苏联与世界很多国家都很受欢迎，尤其是在中国。售货员也告诉我这本书凡是中国学生都读过。所以买这本书的另一个原因是，我想知道为什么由一位苏联作家写的书在中国这么受欢迎。

我认为这本书对我们每个人都有很大的寓意。保尔试图打破社会的铁链，而奥斯特洛夫斯基则通过写一部小说来打破他生病的身体所代表的铁锁。我认为这本书起着一种激励作用，促使读者不断加倍努力，以成为更好的人。

阅读这本书让我更全面地了解了参加 1917 年革命斗争的苏联年轻人的日常生活和精神状态。尽管我不想成为这本书的作者和主人公所倡导的苏联理想的追随者，但对我来说，这本书是一种让我进入历史关键时期的有效方式。由于这本小说是自传体的，它详细描述了一些真实的事件，这些事件让我对布尔什维克的观点和行动有了更多的了解。在我看来，这部小说完美地诠释了苏联青年所向往的苏维埃梦。

总而言之，我很感激这本让我享受在历史中旅行的小说。除了使我对布尔什维克革命与苏联年轻人的生活条件有了更深的认识，阅读这本书及研究它的背后和影响也让我了解到苏联文学对中国共产主义运动兴起产生了很大影响，特别在中华人民共和国成立前后。共产主义思想在中国的传播背景下，该书的中文翻译也发挥了重要作用。所以对我来说，读一本激励并继续激励中国几代人的小说是非常有趣的。

齐老师点评

首先，我对所有完成作业的同学们表示钦佩和敬意——无论你们身在何处——因为现在疫情正在全球蔓延，也许，大勇此时正在灾情比较严重的法国巴黎，完成作业本身对你就是一种挑战，需要拥有像小说主人公保尔·柯察金一样的超常毅力。

有时候我想，我们每一个人都是普通的人，但历史的艰难时刻会意外地把我们打造成不平凡的人，而这正是《钢铁是怎样炼成的》一书带给我们的阅读体验。

作为20世纪60年代出生的我，本人是阅读着《钢铁是怎样炼成的》长大的，这部书里有一段最有名的话，那个时代几乎所有人都能够脱口而出：

“人最宝贵的东西是生命。生命对于每个人只有一次。人的一生应当这样度过的：当他回首往事的时候，他不会因为虚度年华而悔恨，也不会因为碌碌无为而羞愧。这样，在临死的时候，他就能够说，我的整个生命和全部的精力，都献给世界上最壮丽的事业——为人类的解放而奋斗。”

“我们必须抓紧时间生活，因为即使是一场暴病或意外都可能终止生命。”

请大勇和所有看到这个点评的同学默念一遍上一段话，因为只要你默念过它，就等同于你知晓苏联和中国几代人都非常熟知的一段话了——它曾在至少几十亿人的口中流传，是激励那个时代的人的经典名言。

最后一句话“我们必须抓紧时间生活，因为即使是一场暴病或意外都可能终止生命”。我以前不知，不过在 2020 年初这个非常时期读到它，有一种特殊的感觉。

大勇报告中有几个让人兴奋的亮点：

第一，你是在巴黎的一家书店中偶得的这部你生命中第一本中文书。这是一桩“邂逅的浪漫”，说明你和这本书有不浅的缘分。

第二，我以前不知道《钢铁是怎样炼成的》的最流行版本竟然是梅益从英文版翻译的，因为通常最通行的译本都译自作品的母语。

在上学期课堂上我们曾经讨论过：对于同学们来说中文已成为你们最擅长的语言之一，由于中国是翻译大国，你们可以用中文这个工具语言阅读世界上绝大多数的经典名著和流行的新书。同时，假如你们想把喜欢的名著译成母语的话，在不懂原著语言的情形下——比如波兰语、土耳其语等，从中文的译本转译，也是一种不错的方法。

其实，中国近现代许多大翻译家——比如鲁迅、巴金，都曾借助第三国语言（日语、德语、英语）的译本翻译世界名著。

最后我想说的是：阅读文学著作是最能理解历史的一种感同身受的方法——大勇在报告的总结中也说到了这一点，他通过阅读《钢铁是怎样炼成的》深入探知到20世纪共产主义运动中亿万人的精神世界。不仅如此，优秀的文学作品也应能超越产生它们的时代。尽管不同时代人的生活方式、所思所想和理想信念不同，一流经典的艺术作品还是应该能在反映作者时代特征的同时，拥有能打动任何时代人心的艺术魅力。

我想，奥斯特洛夫斯基的《钢铁是怎样炼成的》达到了以上标准。

读波德莱尔的《巴黎的忧郁》

乌苏曼（马里）

报告略

齐老师点评（2020年3月28日）

说实话，诗正言和其他几位法国同学比我更有资格评论法国作家波德莱尔。对于《巴黎的忧郁》这种著作，作为教师，我的职责就是当个导游，告诉大家有这部风格和一般著作截然不同的描写巴黎的作品，有一位波德莱尔，是这位专写“阴暗面”的法国作家。

世界上绝大部分的文学作品都是记录书写“善”的——中国有“弃恶扬善”一说，但也有极少数名著是以忠实描写“恶”和“丑”为“亮点”的，波德莱尔的诗集《恶之花》就是其中的一部。中国古代的《金瓶梅》在我眼里也算是同一大类，也是描写性和颓废，还有日本作家芥川龙之介的小说《罗生门》，读起来也感觉相差无几，也属于携带“负能量”的作品。

那么为什么这类书会有人写和有人读呢？我自己的理解就是“负负为正”——世界上的“负面东西”永远和“正面”相伴而生，正因为有着“负”，“正”才被衬托和比较着存在。

“负”包括一切不好、不善良、不光明的东西，“正”是它的相反面。那么，文学为什么偏要记录和描写前者呢？我的理解：当你用批评的态度去记录“负面的事物”时，就是用“否定”（负）去撞击、冲抵“负面的事物”，尽管你的书写会记录告知它的存在，但最终目的是对其做出否定的判断，使人们对它产生戒心，从而达到集体回避和最终使其灭绝的目的——假如效果是这样，人们阅读你描写“负”的作品时获得的就是“正”的东西；但是，假如你掌握不好分寸，在描写“负面内容”的时候态度和方法是“正”（肯定）的，那么，就不再是为否定“负”而写“负”，就会变成“恶的帮凶”，那时你的作品就没有存在的意义了。因此，这终究是一个如何把握分寸的问题——分寸掌握好了，描写“负”的作品就可能成为名著，比如纳博科夫的《洛丽塔》、波德莱尔的《恶之花》，但一旦用劲儿没把握好，作品就会失去艺术价值，也不可能最终作为名著传世。

须知，所有能成为“艺术”的作品——无论是文学、影视还是书画，最终都将是正面和善的载体。

对于善和光明，你既可以直接对善和光明进行赞美——这是最普遍和最大众的方法；同时，你还可以通过记录描写“恶”，通过对其批评让其丑陋在公众面前曝光，达到全体对其警觉、回避以及反对的目的。这样它就等同于被你否定掉了，就能留给它的反面——真正的“善”更大的空间。

以上两种艺术手法都可以应用，但后者的难度比前者要高，因为一旦分寸把控不好，就非常容易变成是在进行“恶的宣传”，就会起到“扬恶”、违反初衷的效果。当然，前提是描写“恶”的艺术家原本拥有一颗善的心，倘若那颗心根本就没有，就另当别论了。

由以上分析可知，波德莱尔的《恶之花》——一部公然把“恶”作为口号的书最终能成为法国现代文学里的“奇葩之花”，是多么的不容易。

“善”和“恶”的判断属于伦理学哲学的范畴，因此，波德莱尔的作品最终需要伟大的哲学家们帮忙解读——我给同学们推荐与他同时代的德国哲学家瓦尔特·本雅明（Walter Benjamin）。本雅明撰写的《发达资本主义时代的抒情诗人》是理解波德莱尔本人和作品的最权威著作。

当然，本雅明本身更是一个谜。

时至今日，法国巴黎仍在疫情的折磨中“忧郁”着，让我们一起为巴黎祈福！

读柯南·道尔的《失去的世界》

东方明（埃及）

报告摘录

小说开头吸引人，语言简单易懂，可能是这个版本被间接翻译过的原因。

读第一章开头时，看似是一部情感小说，但随着故事的推移竟慢慢走上了科幻探险小说的轨道。

个人觉得查伦杰极大地赞扬自己的才华和科学敏锐度是件很有意思的事情，我很愿意在小说里听一个人以这样的方式讲自己。然而如果搁到现实生活中的话，我不想花费很多时间与这种拙劣的人交往。作为一个真正的活生生的人，他绝对会是很难相处的那种人。（齐老师：有趣的说法！）

该小说里的亚马孙探险并不是根据作者的亲身经历写的，但是作者的才华和引人入胜的叙述方式使它很有趣。

可以提及的有政治上的正确性和种族主义，如果仔细看的话很容易就可以找到这些痕迹。但是，我个人很喜欢大多数非白人的表现方式：

无所畏惧和忠诚。

还有性别歧视（不过作为那个年代的书籍也没有过分的地方），比如小说中没有任何“强壮”的女人，这意味着没有任何女人可以利用她的武术技能击败任何恐龙。

令我感到惊讶的是，查伦杰教师和他的同事们对那些过时的科学理论热情洋溢的讨论，竟如此有趣。出色的故事不会过期，而作者能够用过去时代的奇迹吸引读者，我觉得非常了不起。

人们期望在经典冒险中找到的一切都在这里：最后一刻的逃生、神秘的丛林、睾丸激素超负荷、人们试图射杀视线中的任何动物以及纯正的、未稀释的乐趣，非常适合摆脱因阅读过多而引起的读书欲望低迷——尤其是在连续阅读平庸书籍之后。

齐老师点评（2020年3月30日）

东方明同学这篇读书报告最精彩的是最后“读后感”的部分，这也是至今阅读的报告中这部分写得较好的，因为你在结尾处说：“非常适合摆脱因阅读过多而引起的读书欲望低迷和连续的平庸书籍。”——发现一本书的“不平庸”，是对阅读行为最好的报答。

你在“读后感”里对《失去的世界》作为一本小说的几个要素进行了详细的评估——所谓的小说，必须有“故事情节”“人物设计”以及（如果有）思想性等要素。你能分析出故事开头的写法、主人公的特质等，同时，还能从故事中提炼出“种族主义”“政治正确”“性别歧视”等普遍话题，通过这种提炼，你既读出了作家写作上的“妙处”，又读出了作品文字之外的意义。

并不是所有小说都能提炼出思想性和公共话题。一般小说本身也就是个story——故事，只要有故事开头、故事骨干、故事结尾，就算是小说了。但伟大的小说除了讲明白故事之外，还有超出故事本身的价值意义——比如托尔斯泰的《复活》（宗教观）、雨果的《悲惨世界》（人道主义）等，由此，我个人不太喜欢“科幻侦探小说”，而更喜欢《悲惨世界》。

至于柯南·道尔，几年前我曾在国家图书馆的一次英国作家回顾展览上看见过他的手稿。根据他的“福尔摩斯系列”小说拍的电影，我小时候也看过几部。

西方侦探小说的鼻祖是美国的埃德加·爱伦·坡（Edgar Allan Poe）（1809—1849）。爱伦·坡的书我也有，但没仔细读过。印象中爱伦·坡作品的文学性要胜于柯南·道尔，再联想到亚洲文学中日本的推理小说，我思考着一个问题——破案的故事情节怎么才能最终成为文学作品呢？——因为世界上每时每刻都有充满悬念的案件发生，而只有极少数的案件能成为作家笔下的素材，被写成故事，其中仅有少数极优秀的，能引出超出故事之上诸如“性别平等”“政治正确”等可普遍化的话题。

读沈从文的《边城》

宋欢笑（俄罗斯）

报告摘录

这次汉语主题讨论的作业是读一本汉语的小说并思考和写读后感。我的中国朋友向我推荐了几部小说，最后我选了沈从文的《边城》。读《边城》之前我还读过《活着》。这两本小说对我产生了不同的影响，因为它们描述了人们在中国不同时代里是怎样生活的。从感情角度来看，它们也用不同的方式影响了我。对我来说《活着》这部小说当然是非常好的。小说讲述了在大时代背景下，社会发生了怎样的变革，但它算是读起来比较难过的小说。因为每当小说中的一些人物离开时我就感到非常难过，甚至读的时候就开始哭。我读了《活着》两次（汉语版和俄语版），每次都哭了。因此，这次我选择了“更积极”（齐老师：有趣的说法！）的小说。但是《边城》也不适合叫“积极”的小说，因为这个小说是个爱情悲剧。

汉语版《边城》的读后感

我对阅读中有关那个时代的中国以及那个时代的中国生活感到非常

好奇。故事还描述了中国的节日之一：端午节。阅读时我留意到这些瞬间：

小船的图像以及人们如何控制它们，打鼓和竞争的气氛不由自主地出现在我的脑海中，当然，还有对城市和当地居民的描述。从头开始这本小说似乎很平静、很容易阅读，它描述了一个女孩和她的祖父的日常生活，但这实际上是一个悲剧性爱情的故事。

翠翠天性善良纯真，但是年幼时即失去父母，所以也养成了相对内向、含蓄、谨慎的性格，刚好这样的性格容易造成她与其他人的隔阂。她的爷爷一直抚养她长大。小说中还有一个重要的人物——顺顺，他有两个儿子，他的儿子们同时爱上了翠翠，但因为和翠翠的爷爷老船夫之间的沟通交流问题而错失了机会，最终错过了一场完美的爱情。说实话，从翠翠遇到老二的那一刻起，我在阅读小说的时候一直担心他们之间的关系，并希望最后他们会在一起。但我逐渐明白了老大不会跟翠翠在一起，而且最终翠翠没有和兄弟二人中的任何一个在一起。老大后来死了，真是可悲。老大去世后这部小说的颜色完全改变了，爷爷和顺顺之间的关系已经明显恶化，虽然他们在整个故事中相处得还很好。最后可以说翠翠什么都没有留下，甚至她的爷爷也离开了她。

翠翠是否有可能重复她母亲的命运？也不能这么说，因为她从来没有时间和心爱的人在一起。这个故事以一个有趣的消息结束，因为最后作者没有说明翠翠和老二之间的最终关系："到了冬天，那个坍塌了的白塔，又重新修好了。可是那个在月下唱歌、使翠翠在睡梦里为歌声把灵魂轻轻浮起的年轻人还不曾回到茶峒来。这个人也许永远不回来了，也许明天回来！"如果从积极角度来看，我仍然希望老二回来时，不管怎样，他们会在一起。

俄语版《边城》的读后感

圣彼得堡孔子学院和俄罗斯一家出版社于2012年出版了它们合作

的第二套中国小说集。它们包括1930年至1940年创作的四个中国故事，邀请读者熟悉四位作家的不同故事，它们分别是：老舍的《我这一辈子》，徐訏的《鬼恋》，沈从文的《边城》和张爱玲的《倾城之恋》。

在此书出版之前，《边城》并未翻译成俄文，这本书的标题是：《20世纪中国散文：边城》。尽管其中也有这个"边城"故事的名字，但该书的编者A.A.Rodionov强调说在这些作家中只有老舍在俄罗斯是众所周知的。即使您不会说汉语，这本书也是结识中国文学的好方法。这本书中，我只用中文读了《边城》，还没有读过其他三篇散文的原著，将来我有这个计划。

我认为阅读书籍应选择作者的母语撰写的原文，这样你就可以深刻地体会和理解作者想要传达给我们的每一个字和想法。所以我先把汉语版读好后才打算读俄语版。《边城》我读过两次，首先是汉语版，然后是俄语版。当然，用母语我读得更快，但我喜欢汉语版的故事。有些汉语名字和中国地方的名称翻译成俄语，听起来很奇怪。也许是因为我懂汉语，所以我知道如何正确发音。总体来说，这部小说翻译得很好，甚至很完美。

齐老师点评（2020年3月31日）

这学期无疑是一个十分独特的学期，比如，宋欢笑同学在俄罗斯的库页岛还是冰天雪地中时，阅读一个世纪前沈从文写的中国南方故事，这本身就是很具文学性的经历。

文学的最基本工作，就是通过想象编排亮眼的"故事"，而你们本学期的特殊学习经历——比如身在武汉的诗正言同学，在正常的情况下，是想编都编不出来的。

非常时期阅读感情丰富的小说，会有更大的收获。这学期，让本教师引以为豪的，首先，是引导一些同学开始了第一部中文小说的阅读——比如韩国的金涛烘同学，他阅读了《活着》，这通常是外国人读的第一本中文书。其次，是“督促”另外一些已经读过《活着》的同学，超越《活着》，开始了第二本中文书的阅读，就比如宋欢笑同学——你已经超越了《活着》，走进远比余华更伟大的作家沈从文的世界，来到了百年前中国南方的一个小镇——《边城》。

《活着》在中国文学中充其量只是一缕光线，而沈从文等民国作家的文学世界，则是硕大无比的太阳。

你说读《边城》，是想选一部比《活着》更“积极的小说”——这个说法很新颖。

文学史上，好像还没有用“积极”“消极”分类的方法，这倒可以试验一下。比如，能否把波德莱尔的《巴黎的忧郁》看作“消极的作品”，而把罗曼·罗兰的《约翰·克利斯朵夫》看作“积极的作品”呢？

从直感上说，沈从文或许很像俄罗斯的屠格涅夫——他们的文风都非常平和、纯正；同时，他们用笔记录的，都不只是人物和景色，或者民俗——比如端午节，他们展现的更是一种生活的理想状态和意境。

从屠格涅夫的《罗亭》，你得到的是怎样像“知识贵族”那样思考，从沈从文的《边城》里呢？翠翠的状态——和自然山水交融在一起的，是世外桃源，是中国式的“乌托邦”。

从余华的《活着》到沈从文的《边城》，这两部书读下来，中国人20世纪整个经历，就变成活生生的了。

因此，建议读过《活着》的同学，也像宋欢笑同学这样，把《边城》作为下一部书阅读。

历史是枯燥的，文学是有情感的，文学里面隐藏着一国人的“情感经历”，因此读《活着》会哭泣，读《边城》除了洗涤性灵，还会苦笑哀伤间杂——为书中人物的颠簸命运。

宋欢笑同学读进《边城》的故事里面去了，你能和作者、和书中人物打成一片，这很令人鼓舞！

这一点，在其他几个同学的报告（比如家琳的、董妙的）中也体现了——文学作品尤其是小说，并不是每一部都能让人读进去。

不信，你读下乔伊斯的《尤利西斯》试试！

宋欢笑同学报告最后的“译介”部分非常好，这能证明中俄之间有着很大的“文学交易不平衡”——从人数上看，中国似乎拥有比俄罗斯本土更多的俄罗斯文学读者群，中国人在谈论普希金、托尔斯泰、高尔基等作家时，个个都如数家珍，但在俄罗斯呢，人们还只知道老舍。

希望俄语笔译专业的同学们加油，用你们的译笔，来填补这个空缺吧！

读黑柳彻子的《窗边的小豆豆》

黄伟松（柬埔寨）

报告摘录

在寒假里我选择阅读的书叫作《窗边的小豆豆》。我之所以选择这本小说，是因为它是日本最著名的儿童小说之一。这本小说不只是在日本流行，在中国也非常受欢迎，特别是对女孩儿。其实，选择这本小说之前，我还没有查清楚这本小说的大概内容。我选择之后，我的中国朋友一看到都说自己在小学的时候看过。那时候我便默然无语。真没想到，我选择的是在1981年出版的非常小女孩的小说。无论如何，从另外一个角度来说，这对我也是个好处，因为我觉得这篇小说中文翻译过来的词语应该简单一些吧。

不出所料，我开始阅读第一章就已经感觉到非常“小女孩”了。一位无忧无虑的小豆豆，跟一只叫“洛克”的狗，她所闹的事儿，是几乎每天都要换自己理想的职业，所想的想法、所做的行为都是我们可以预测到的。所以如果我这样坚持阅读下去，年龄快要到三十岁的我肯定会无聊死了。所以我找了一个办法，就是在阅读时，假装自己是一个八九岁的小女孩去感受这篇小说。（齐老师：有趣！）我在继续阅读的过程中，都会告诉自己，这篇小说的内容肯定有什么特别的含义，不然不会那么流行、那么有名的。我读到小豆豆来到巴学园时，才发现这篇小说虽然是在 1981 年出版的，但是很有现代的感觉。连现在的柬埔寨也还没有这样的学生生活，而在日本很早就有了。

我阅读这篇小说差不多结束时，发现这就是小女孩的小说，虽然有一些专业的词语，尤其日本名字和一些专用名词对我来说是很陌生的，但总的来说还是很好理解的。可是我突然读到了一个部分：暑假结束，开学的时候，校长跟同学们说泰明同学死了，或者说长眠。我偏偏觉得很意外，泰明是从小就得了小儿麻痹症，他是跟小豆豆关系最好的同学，没想到作家会让他死了，还让所有的同学参加他的葬礼呢。当读到小豆豆参加葬礼时似乎听到泰明同学跟她沟通的时候，我突然哭了。这种情况怎么会发生在儿童文学中呢？太悲伤了吧。快到最后时，小说又发生了更悲伤的故事，那就是当小豆豆去野营回来，她最亲密的宠物洛克死了。她说在家没有洛克的话，就好像是别人的家一样。

这篇小说还有比这个悲剧更悲伤的剧情吗？没错！还有呢！最后，因为日本和美国发生战争，美国不断地从飞机上扔炸弹，巴学园都被烧了。

我在阅读的小说真是小女孩的小说吗？也许我以前太看不起这本小说了。我读完之后，才发现其实这本小说太有意思了，我不需要假装把自己当成八九岁的小孩儿，就可以直接去感受那个时代小孩的生活。

这次寒假不那么幸运，发生了很多不幸的事儿，让我觉得很郁闷，但是读了这本小说之后，我发现生活有时候发生变化是正常的。我觉得自己很幸运能够看到这本小说。我以后有孩子的时候，肯定会推荐他们看。（齐老师：好！）

齐老师点评

读黄伟松同学的这份关于《窗边的小豆豆》的读书报告，我的感觉，应该用“惊心动魄”来形容——他的这段阅读经历，真有点像是坐过山车：启动时非常缓慢而平稳——他开始读不进去一部写给小朋友的书，于是他使劲调整心态、尝试用回到八九岁童年的“假设心态”去硬着头皮读，没想到读着读着就陷入书的故事里了，情绪随书中情节的发展大起大伏、剧烈颠簸，心态也一步步地从八九岁回到自己的三十岁，从一个“小女孩”回到“大男孩”，最后黄同学竟然——突然读哭了！

这学期我真对不起同学们，让不止一位同学读着“作业书”——就忍不住哭了起来。

其实我老实坦白：《窗边的小豆豆》这本书我自己从来没读进去过，黄同学手头那本书也是我女儿上小学时买的。我在读伟松同学这份读书报告之前，也就是知道它是一部长时间占据中文图书榜顶端的“外来书”，不仅是它，其他的儿童书，比如法国名著《小王子》，我其实也没真的读进去过。

可能我早已“心灰意冷”，即使想回到八九岁，也回不去了。

但名著毕竟不是平白无故成为名著的，其中的理由在黄同学这篇读书报告中说得不能再清楚了：《窗边的小豆豆》中的一些“极端情节”——比如她在小小童年竟然就参加过两次同学的葬礼，还有最后——那个幸福的“巴学园”被炸弹夷为平地——这些，其实都已经远不是任何一个童年里的孩子应该面对的“必修课”了，而是关乎生与死、关乎太平与毁灭。这些，不都与正还在柬埔寨躲避疫情的黄伟松同学此时的处境——在不经意间重合吗？

因此，难怪黄同学抱着完成老师布置作业的“应付心态”，起初有些“不得不”地捧读这部“童书”，之后他竟越陷越深，越设身处地，越与“小豆豆”产生共鸣，直至最后——抱书奔泪！

写以上评述，特选有些调侃味道的语调，希望伟松同学别介意呀。

读约恩·卡尔曼·斯特凡松的《没有你，什么都不甜蜜》

阿凤（乌兹别克斯坦）

报告摘录

不知道大家有没有看过由冰岛作家约恩·卡尔曼·斯特凡松著作的小说《没有你，什么都不甜蜜》呢？（齐老师：冰岛作家，有趣，冰岛总共就几十万人。）我整理了对这本书的读后感，一起欣赏吧！

从生到死，从死到生，书中没有名字的男孩经历的短短三天就仿佛人生的一个比喻，令人十分激动。然而，恶劣的自然环境和悲惨的命运，并不会抹去人们对梦想的追求、对知识的热爱和对温情的渴望，正好像作者所说的那样："或许他们心中的光亮并未完全熄灭，或许不论如何仍有希望。"

引言

故事的情节并不复杂，讲述了一个男孩在三个昼夜里的经历。

一场大风雪，一个男孩的三天三夜，一百年前那个古老迷人的冰岛世界。

男孩和他唯一的伙伴——热爱阅读的巴尔特，跟着捕鳕鱼的船队出海。临行前，巴尔特因诵读弥尔顿《失乐园》的诗句太入迷，忘了带防水服，结果中途遭遇大风雪，冻死在船上。带着巨大的悲痛和迷茫，男孩当晚出发，在大雪纷飞的海边谷地艰难跋涉了两天两夜，代替朋友去咖啡馆还书。他已决定，等把书还回去，就与朋友以死相聚。然而幸运的是，男孩并没有摔死也没有冻死，他在跋涉了三十多个小时后，终于平安到达了咖啡馆，把书还给了船长。

故事看上去很简单。在读这本书的过程中，也许你能体会到一种“慢”和一种“快”，一切都带着风雪的味道。就像这本书的作者约恩·卡尔曼·斯特凡松生活的国家——冰岛，这片天地带给我们的感觉：缓慢、纯净、简单。我们每个人的心中或许都有这样一个孤独的少年的影子，透过时间的薄雾，无论我们成长到什么阶段，都还能看到他的模样，他的名字叫“纯真”。

这是一本有关生命中那些巨大课题的、长久不变的书，以天堂般的诗意写就人生的现实。温柔而残酷，粗犷而富于古意，难以承受又难以抗拒。这本极具穿透力的小说，书写存在的本质、人性的最深处，俯仰皆是的优美片段，让你只想一直读它、爱它、了解它。

“没有你，什么都不甜蜜。”这个来自英国诗人弥尔顿的作品《失乐园》的句子，不仅是这本书的标题，也是这本书的中心句，反复在书中出现，起着深化情节和主题的作用。男孩还书之后所遭遇的一切让他对自己的生活和生命又有了新的认识和困惑，死亡不再是必然的选择。

这本书的特色——情节简单，隐含的意思深刻，风格优美。

这部作品的文字是精妙的。这座冰岛的小城有着极地蛮荒大地的恶劣气候和地理，在这样的环境下，居住在这里的人们也是粗鲁而单纯的。而在作者笔下，这些景色却饱含着细腻的美丽，文字将精致与粗鲁巧妙地融合在一起，描绘了冰岛独有的风景和人文环境。“夜晚从海洋的底部一直弥漫到天空，在那里点亮了星星。大海沉重地呼吸着，黑暗又寂静。”这样优美地描绘平常风景的句子在书中到处都是，读起来令人十分愉悦。在当时的年代和环境下，人们的生活千篇一律，单调乏味，连游泳都不愿意学。但是，尽管人们的生活看上去如此单调，每个人却也有着不同的性格和生活。就连伴侣之间的关系，我们也能从书中看到男孩父母、古特杨和盖尔普特那样从始至终心灵相通的美满和谐，也有培尔图船长和安德雷娅、布里恩乔福尔船长夫妻之间的不合拍。

简单的人物，有着复杂多样的生活和性格。另外，简单的故事情节下，蓄积着珍惜生命和生活的巨大主题。在书中，男孩生活的转折点就在于巴尔特的死。在那以前，他所生活的海边船队，除了巴尔特和船队管家安德雷娅，其他人无法理解甚至是嘲笑他对阅读的痴迷。同时男孩父母双亡，妹妹也死了，与唯一的兄弟距离很远，少有联系，可以说，巴尔特就是他生命中唯一的光亮和色彩。巴尔特的死亡让他的世界倒塌，失去了生活的支点和希望。但是当他历尽艰辛去咖啡馆还书的时候，他碰上了新的人物，遇见了新的生活和环境。这些人理解他的悲伤和对阅读的热爱，他们把他容纳到新生活中，给了他活下去的理由和勇气，使他对生与死又多了一层思考。

书中写道：“这就像是生活：若干灿烂的时刻会被黑暗的日子分隔开来。”男孩经历了极亲密的朋友去世的黑暗时刻，却也在那之后迎来全新的朋友和生活。作者通过这个故事是想告诉我们：悲伤和欢乐、绝望和希望都是人生常态，唯有珍惜我们的生活和生命，才能体会生命和生活真实的意义。

“没有你，什么都不甜蜜。”这个句子出现在巴尔特想念西格瑞特的时候，出现在巴尔特将死之前，出现在男孩对巴尔特的怀念中，也出现在男孩在还书路上坚持不下去时呈现出的与巴尔特一起生活的记忆中。它代表着生活的希望与生命的坚强，它的每一次出现都不是毫无意义的。

书中有一个篇章很特别：“地狱就是不知道自己是死是活。”这个篇章描写了去世的人的忧伤，他们想要珍惜生命，却再也没有机会珍惜，这便是地狱；他们看着自己被活着的人遗忘，这便是地狱；他们看着活着的人不珍惜生命，却无法跨越生死界限把警惕的信息传达给活着的人。其实这个篇章的作用，就是传达了小说珍惜生命的定义。男孩在还书路上历尽艰辛时看到的巴尔特，便是那想要传达珍惜生命信息的灵魂。男孩在进入新生活，结识了新的朋友后，有了想活下去的动力，却又再次看到了巴尔特。他以为那是巴尔特在叫他前往死亡世界，但我们都懂得了，那不过是男孩心中愧疚的误解。巴尔特最多是希望男孩不要忘了他，也想传达给男孩珍爱生命的劝告。

“没有你，什么都不甜蜜。”没有了生命，一切将再无黑暗与灿烂之分，唯有活下去，才能碰上生活的甜蜜。

总的来说，这是一本值得细细品读的生命之书。

齐老师点评（2020 年 4 月 6 日）

首先不能不说，阿凤同学的中文达到了炉火纯青的水准——干净、优美、富有诗意。

冰岛是个非常小的迷你国家，几年前在北京大学我参加过一次冰岛诗人和中国诗人学者的座谈会，其中一个读诗的女诗人竟然是他们国家的外交部部长。也难怪，冰岛只有几十万人口，非常符合老子“小国寡民”的理想国标准。但国家虽小，却有那么多诗人和作家，真不简单，这也证明了文学的世界性。不过，这也令人联想到冰岛的足球，总能给人带来意外和惊奇。

说到这部我以前不知道的书——一个男孩儿，报着誓死的决心替一个已经死去的朋友去还书，那部书的名字是出自弥尔顿的《失乐园》，所有这些内容——生与死、书籍（智慧）、书籍的内容（宗教），以及冰雪世界里前行者的挣扎——这一切的一切，都是空灵的、洁白的、宗教性的、超美丽的。

白色——虽然不算“美色”，却和黑色一样，是一种最丰满的色调。

我自己也曾在加拿大最寒冷的城市生活过多年，切身体会过和冰岛一样的雪国里的人类生存状态，知道那里会呈现怎样不同于繁花似锦国度的“五彩缤纷”。

在只有白色的环境中能有的色彩——来自你的内心。

只要你内心花花绿绿，哪怕周边是惨白的雪和枯燥的冰，也照样能丰富多彩，否则雪国里的人如何够熬过长达六七个月的纯白色冬天？

“纯真”在雪国，和四季如春的地方，有着不同的寓意。

最后一个议题——一本书，值得用生命作为成本去归还吗？

《没有你，什么都不甜蜜》说：“是的！”因为那个“你”，既代表书，也代表挚友。代替挚友还书是把朋友的魂灵附加到自己的肉身上，是一种“自己的肉和朋友的魂”的重新组合。因此，这部小说一定会说“值得还”！否则，它就缺少“硬核”（hardcore）、失去故事的支撑点。

但我还是认为——干脆就甭还了吧，生命比书本重要，人都没了，谁来写书？

凡面积狭小的地方都容易出“死心眼”的人——长久的单色和过度的静谧容易令人陷入偏颇，这一点在世界极迷你的冰岛国，从这部书的故事演绎逻辑就能看到——我当然不是批评，而是在纯粹描述。

因而，我建议冰岛的朋友们一定要不时离开一阵子你们那个地球顶端的冰雪世界，去到人多的地方，到“欧冠”的足球场上，身着你们标志的蔚蓝色球衣，用你们那奇特的姿势，呼号起最让人听了忍不住笑的“加油”声吧！

读钱锺书的《围城》

静璇（马其顿）

报告摘录

这次选择读《围城》没有后悔，看完后除了有成就感，我脑海里还充满了疑问与思考——好书的标志之一是什么？开始看《围城》之前，我恰恰看过关于纪念钱锺书109周年诞辰的文章，对作者也有了了解。钱锺书曾经说过：“只要有书可读，别无营求。”看来钱锺书爱书如命。

《围城》通过讽刺的目光，看中国在20世纪30年代社会里的所有不足。钱锺书在《围城》中所描述的落后官僚主义系统，充满了虚荣的、无学术的知识分子形象。所有这些反面的社会现象被作者写得那么幽默，使读者（我）经常忍不住笑。不得不承认，这是我第一次看那么幽默的中国小说。

以我而言，《围城》唯一的缺点是小说里对女性的很多描述也许有失偏颇、过于平淡。由于这是一部从男性角度出发的讽刺小说，所以每个角色都受到了批评。但是作为一个女性主权主义者，我看这本小说的时候，偶尔稍微生气。

书中有许多看着就很“直男”言论，让人很生气，例如“有鸡鸭的地方粪多，有年轻女人的地方笑多”。这种比较真的是对于女性的谩骂。如果《围城》是为了剧情而这样贬低女性的，还可以理解，但是书中隐藏了太多的这种言论，让人觉得是不是作者其实在说自己的真实想法。作为女性我不希望出生在《围城》那个时代，可惜我们这个时代的男性仍然存在太多这种想法和歧视。尽管如此，这本书仍非常精彩，值得重新看几遍，它也让我对于作者的其他作品产生了兴趣。

齐老师点评

首先，从静璇同学的读书报告中，我没找出一点瑕疵，不仅如此，你的行文风格也真有些钱锺书的味道——带着挑剔和把玩的态度去读一部你没想到那么幽默的书并忍俊不禁。在我看，这事儿本身，就挺有趣的。

《围城》里面最有名的话是：人的婚姻就像一座围城，围在城里的人想出来，城外的人想冲进去，对婚姻也罢，职业也罢，人生的愿望大都如此。它的原意来自欧洲，被钱锺书加工成了中文。

“围城”在今天的汉语中，已经成为一个关于婚姻的隐喻。

你通读过《围城》，就算看见了小说中一朵最好看的花，你读并读进去了，就走进了钱锺书、杨绛夫妇精神世界的“围城”。

建议你接下来阅读钱锺书的散文集《人·鬼·兽》和《写在人生边上》，它们也和《围城》一样有趣。至于他最集大成的《管锥编》，则是文学理论和比较文学的最高峰。由于这本书是用古汉语写的，外国人比较难懂，但不妨试着读读。

钱、杨夫妇的压轴作品是杨绛97岁时写的《走到人生边上》。

从钱锺书《写在人生边上》到杨绛《走到人生边上》，这一“写”一“走”，勾勒了现代人精神变化的大致轨迹。

因此，也建议你阅读《走到人生边上》——我以为这是十几年来最有智慧的一本书。

还有，一定要看连续剧《围城》（1990年），那也是经典，把那个动荡时代的“钱式幽默”搬到了荧屏上面。

当然，有人不喜欢钱锺书《围城》里幽默的味道，认为是“小聪明”——我有时也那么认为，正如你站在女性主义者的立场不喜欢他调侃女性一样。

时代是有局限性的。对于男性作家在作品中的讥讽，作为“不高兴者”，最有效的法子可能是自己也写一部讽刺味道的书——把讽刺，给讽刺回去。

即便一本名著里的情节惹我们不高兴，但它已经遍布全球——所谓的“覆水难收”。作为后人我们无能为力，唯一可行的，就是自己也著书、也立自己之说，用自己的作品去“反击”先人的言论。对《围城》如此，对天下所有的名著都是如此：比如我们不能再去更改狄更斯的《双城记》（*A Tale of Two Cities*），它的存在已经是既成事实，但我们可以用自己的笔去写一部新的《双城记》。

人类文明的发展，基本就是这个路数。

我写过一部小说《走进围城——新乔“内外交困”记》，就用了钱锺书的口吻。

我说这个不是最终目的，我是感觉静璇同学有写《围城》一样挖苦小说的潜质，因此故意卖弄一下自己的作品。真心希望你也效法我，也拿出一部自己满意的好看幽默小说。

读东野圭吾的《白夜行》

吴喜锡（韩国）

报告摘录

此次阅读的作品是东野圭吾的《白夜行》。读着东野圭吾的小说，就会被奇妙地吸引。虽然因为是用中文写的读起来有很多困难，但它不是生硬的随笔，而是有趣的小说，读起来很有意思。

据说这是东野圭吾写的小说中必须读的一部，所以买了之后我产生了很大的阅读欲望，打开它并开始读。

《白夜行》很厚，而且有两本书，长达1200页，再加上雪白的封面，让人感觉像是在拒绝你，让你不要随便打开它一样。因此，它被买回来后久久地睡在书架里。在思考了一周左右后，我开始阅读，随即发现我的担心是多余的。

在细腻的情感描写方面，我学到了很多表现手法。学习中文时，我大部分时间都拿着报纸或经济随笔、演讲稿等进行学习，因此在日常生活中与中国人对话时，不知道用韩语如何自然地表达出来，时常因此感到很为难。但借此机会，通过小说中出现的各种感情描写、背景描写等表现手法，我学到了很多东西。

齐老师点评（2020年4月25日）

小吴同学的这篇读书报告非常精彩！

在疫情防控期间，能定下神读书，并读进去，佩服、佩服！

东野圭吾的书我以前不想读，以后也不想读——诚实说，可能我非常顽固，因为我读书是围绕着写作进行的，破案推理的主题我不太关心，因此不想在那方面花费时间。如果你也能把阅读坚持到年过半百之后，或许也能体会到这点。中文有句话——萝卜青菜各有所爱——每个人的偏好不同，书海无边，每个人的一生，也只能捧起一两朵浪花，因为更多的书还会在我们身后涌现。

前天（4月23日）是世界读书日，所以多发些感慨。

不过，你喜欢东野圭吾，意趣和大多数年轻人相仿。

这篇报告最精彩的部分——出乎我意料的是"译介"部分，我才知道由于台版的翻译好，东野圭吾的"铁丝"们，竟然舍得花六倍的价钱，去买一本——六倍呀，什么概念！

无非是说明不仅作家的作品有"原值"，翻译的高低也同样有"市值"。只是为了文字风格和语感的不同——而且是译文的，就能让人不惜重金。这说明：第一，读书，是多么的美好，真有人为之痴迷；第二，翻译家也有"档次"之差别。

我联想到：假如一个翻译家，能把一部名著，用译笔给“封神”——他翻译后，就成为别人无法再逾越、也不想逾越的，那他就是“译神”——他和作家已成为“连体儿”——两种不同语言的。这样的例子很多，比如傅雷翻译的法国作家罗曼·罗兰系列作品《约翰·克利斯朵夫》等，傅雷译过之后——在近百年前，译文就定型了，在人们心目中就成为中文版《约翰·克利斯朵夫》的唯一版本了。这其中原因很多，比如作家和翻译家的个性气质相同；另外还有关键的一个，就是傅雷中文水平的高度是今人永远再达不到的。

译文，也有不可复制性，也有“绝译”之说。

因此，我们的第二次作业就是让大家练习写作、练文笔。

希望小吴早晚也能拿出一本自己的“绝译之书”！

读保罗·科埃略的《牧羊少年奇幻之旅》

大勇（法国）

报告摘录

我觉得这本书真的很有趣。

我跟很多中国读者一样也觉得这是一个“鸡汤文”，它会在我最灰心、最迷茫的时候给我狠狠的一巴掌，使我清醒。一些故事人物的积极和明智思想影响了我对生活的看法。这就是为什么我读了好几遍这本书，至少四遍，我还笔录了小说中最能让我思考生命意义的句子，例如：“只有一样东西令梦想无法成真，那就是担心失败。”“没有一颗心，会因为追求梦想而受伤。当你真心渴望某样东西时，整个宇宙都会来帮忙。”“人总是害怕去追求自己最重要的梦想，因为他们觉得自己不配拥有，或者觉得自己没有能力去完成。”“当我们努力使自己变得比现在更好的时候，我们周围的一切也会变得更好。”

我特别欣赏的是这本书给读者带来的乐观力量。我认为读过这样的书后，你会对生活更加热情。这就像一种让人心情愉快的药物。我强烈推荐这本书给朋友们，尤其是那些有时会问自己生命意义的人，或者那些只是在寻找一本能让他们对命运有不同看法的书的人。

我很喜欢这本小说的另一个理由是主人公带领我们走过的旅程、旅程的异国情调和在路上见过的许多人物。这些有的是坏的，有的也是好的，使读者始终沉浸在小说的故事中。通过简单的写作，叙述者就不会失去读者的注意力。对我来说，《牧羊少年奇幻之旅》真的不是一本无聊的小说。

最后，以原著语言（作者的母语）阅读本书，无疑使我能够更好地收到作者想传达的情感本质，每次阅读时都用葡萄牙语版本，每次我都有同样的满足感。尽管翻译会失去最初的情感精髓，但我认为这本小说的翻译及其在世界范围内的普及是一件好事，在这个情况下翻译是值得的，因为它传达了作者所表达的正义人生观。

齐老师点评（2020年4月26日）

这是第二次有同学在作业中提到这本我不太知道的名著《牧羊少年奇幻之旅》了——上一次是薇蕊同学在她的微小说《青春》里。这部书我似乎有所耳闻，书店里也见过，但才知道它这么有名，几乎和法国的《小王子》差不多。

大勇说它是一部“鸡汤书”。这类书再普及，我自己也不太会读。

通常，30岁之前，在人的成长期，需要读励志的书，40岁之后呢，被“励志”之后奋斗至少十几年，自己也应该有资格写给别人励志的书了——但这要求并不低，因为这十年中你至少不能虚度，要有自己"可以告人、值得别人听"的新鲜故事。

其实，这部书的作者保罗·科埃略的个人经历——住过精神病院、受过酷刑，本身就是写作的绝佳素材。只要能挺过去，头脑保持清醒，喜欢写作，就必然成为作家。不同的是，有的人有不凡经历，但不能写；有的人能写，但经历普通。

"个人神话"要自己去创造。

什么是"天命"？我的理解有二：第一，你选择的道路有命运决定的因素——就比如同学们现在选择的中文专业吧，是偶然，也是必然；第二，既然已经主动或被上天"指定"做一件事了，就索性进行下去，把它做到完善，最后用出色的成就，证明自己对命运的抉择是正确的。

再回到《牧羊少年奇幻之旅》里面牧羊人的"寻宝之路"，可以想见，那个旅途必然是漫长而艰难的，如果谁都能轻易探知，就不会是"宝藏"了——"藏"就是暗藏、深藏，就不会让你轻易发现。

同学们当初学一门十分陌生的语言——中文，也就是"寻宝"之旅，因为中文对于习惯字母语言的你们来说，就是一个被掩埋于象形符号中的"神秘矿藏"，具有"宝"的不可轻易获得属性，而且，还有中文里面"隐藏"着的、历时几千年厚重神秘的文化信息。

希望大家都能最终获取打开"汉语宝库"的密钥。

最后，大勇同学阅读《牧羊少年奇幻之旅》的过程非常值得称道——你先从巴西父亲家得知这部书，然后就痴迷其中，先用葡萄牙文读了四遍，还把“金句”逐字逐句抄写，来中国后又发现了该书中文的诸多译本，和原文对照着读。

这几经周折、跨几大洲和几大语种的阅读过程，不正是一个“探宝之旅”吗？

读曹文轩的《草房子》

赵佳一（埃及）

报告摘录

读了这么多书，感觉作家有两种：一种是写一些大家心里都明白，但不愿意或不知道怎么去表达，或者没有时间去总结的感受和道理。他是在为众人描绘那个熟悉但从不明晰的内心世界，我们读了就有了同感，感觉有了知己，欣慰。如林语堂所言：天下有一知己，可以不恨。

另一种是写一些如药般的文字的人，他所受到的伤害又深又多，但他挺了过来，好了过来，又把这经历写成文字，帮助受难者。你本是为了逃避陈年旧伤和几乎已被遗忘的心结来读其文章的，但竟然发现了医治和出路，这是真正的作家。

《草房子》是非常难得的。它的故事中几乎看不到丝毫的道德说教。本书中时间的概念是停滞的，我们看到的只是一个带点浪漫、带点伤感、带点温情的故事。全书的主格调应该说是比较哀伤的，每个人都有一段不幸，但其表现过程却又非常凄美。当我把书看完的时候，有种想哭的冲动，因为这不只是小孩的纯真，还有那包含着一些感动的细节的东西。

齐老师点评（2020年4月28日）

首先，不得不说，赵佳一同学的中文已经达到了无懈可击的水准；其次，你已经写成了一本中文书，是个未来的作家；最后，作为作家的你读书和别人读得不太一样——你有超出他人的感悟能力。

《草房子》的作者曹文轩是北京大学中文系的老师。我听过曹老师一次课，他给人的印象，就是个“唯美主义者”，这和《草房子》的风格一样。

你说作家有两种：一种是写别人共同的感觉；另一种是先吃过生活中的苦，然后把苦写出来，写成“药丸”。这是一个很好的比喻。它说明，能写出感人至深的书，都是因为作者先被生活煎熬过感动过，他们把苦涩作为材料，进行加工和提纯，最终写成美丽的书——比如《草房子》。

《草房子》被你赞颂为“永远值得读的书”——这无疑是对作品的最高赞许，你能读得进童年的故事，说明你的童心未泯。还有，你说“美不亚于思想”，或者可以说美本来就是思想的结晶——生活中有美也有丑——作家能把美单独提炼出来，塑造成优美文字，是需要思想分析、思索辨识的能力的。

总之，好书是“一颗药丸”，尝起来，味道是苦的，得到的，最终是甜蜜。

读帕斯捷尔纳克的《日瓦戈医生》

薇蕊（俄罗斯）

报告摘录

提起俄罗斯，你最先想到的是什么？平时不会想太多。我们这世界的人对于别的国家、文化、历史、大自然等，除了一些刻板印象，很少有更深的认知。莫斯科的红场、克里姆林宫，俄罗斯的冬天很冷、俄罗斯是很勇猛的战斗民族。

提起俄罗斯人，我最先想讲的是什么？我们国家的人是沉默寡言的，但是友善的；是勇猛的、战斗的人，但是太习惯于用武力解决所有问题；冬天真的很冷，但即使在最寒冷的冬天，俄罗斯人也很热情。假如想了解更多，去读一读普希金、托尔斯泰、契诃夫、陀思妥耶夫斯基以及帕斯捷尔纳克。书籍包含最多的知识。

对我而言，最喜爱的书就是帕斯捷尔纳克的《日瓦戈医生》。

《日瓦戈医生》小说有什么意义？

对我而言，基本上所有的伟大俄罗斯作家的特性就是他们描述普通人生活的能力。有一个俄罗斯的作家，他也是批评家，叫比克夫。

他也分析过这本书，最后认为拉拉这一人物是俄罗斯的象征，尤里是基督的形象。我不赞同这一观点（也可能是因为我不喜欢比克夫）。

在我看来，这部小说的主要的思想是：要热爱生活本身而不是爱它的意义。无论你处在什么历史时期，不要抱怨，要去决定自己的命运。尤里是普通的医生，他不是生活的创造者，而是旁观者。他喜欢生活的简化，他能忍受生活中的任何困难。他通过战争，没有违反道德和法律并保留了自己的尊严，没有像小说中描述的某些人物那样失去人性。

拉拉是我最喜欢的人物。拉拉是女性气质，这是女性的力量，这是美丽。正如日瓦戈所描述的那样“拉拉是生命本身”。拉拉喜欢聊天时点蜡烛。尤里在冬天看到的烛光，正是来自她的窗口，随后他写下了“蜡烛在燃烧”的诗句。拉拉和尤里有很多共同点：虽然他们的命运很复杂，但对生活充满热爱，他们保护着生活中的各种美好，直到最后一秒也保持着蜡烛的燃烧。

在中国，《日瓦戈医生》小说翻译版本超过七种。1987 年的翻译是最具权威的，那个版本的翻译家是蓝英年。蓝英年从 1956 年开始发表译著，是中国译协会员。他于 1988 年加入中国作家协会，长期从事苏俄文学、历史的翻译研究和写作。1993 年离休后为《读书》《博览群书》和《收获》等刊物写专栏，并为其他报刊撰文，这些文章是他对苏联文学重新思考的结果。值得注意的是，他找到这本小说的原文并不容易。只有在他叔叔的帮助下（叔叔在联合国工作），蓝英年才收到了《日瓦戈医生》这本小说。

2015 年，这本小说的最新译本再次在中国出版。1987 年出版时，译者蓝英年和张秉衡由于急于按时提交译文，并没有花费太多时间。这次翻译时，蓝英年更多地注意了帕斯捷尔纳克的语言风格。

我觉得这本小说翻译的价值是无可争辩的。帕斯捷尔纳克的《日瓦戈医生》让读者更好地理解俄罗斯的历史以及民族的性格。正如蓝英年关于这类小说所说的：“有正史中不记载的史料，这些史料有时更真实地反映时代。”

我认为，这类作品应在不同的年龄重读几次。每次读完《日瓦戈医生》之后，我都会产生不同的感觉。

齐老师点评（2020 年 4 月 30 日）

薇蕊同学的这篇报告比较全面、系统。报告谈到的《日瓦戈医生》无疑是俄国现代文学的经典，而且，应该算是“白银时代”的作品。

我只看过电影《日瓦戈医生》，但留下的印象颇深。电影很长，几个小时下来，有一种身处动乱时代的情感大起大伏和“奔波感”。

那个时代的俄罗斯文学，我读过阿·托尔斯泰的《苦难历程》和肖洛霍夫的《静静的顿河》，都是大部头。阅读大部头书的感觉有些像入梦，你会忘掉周边的现实世界。遗憾的是，现代人已经很少有那种花很长时间、把自己沉浸到一部书中的奢侈了。

当然，读托尔斯泰的《战争与和平》更是一种“漫长的忘记周边”，需要几个月的时间。我也是上大学时读的。

至于《日瓦戈医生》和诺贝尔文学奖，这是一个众所周知的“文学花边故事”，牵扯到另一个比较沉重的话题，就是诺奖与意识形态。我自己认为，无论去领不去领，帕斯捷尔纳克都算是得了诺奖。联想到上学期上课时我们讲到的 2019 年诺奖得主奥地利作家彼得·汉德克（Peter Handke），他也是个争议缠身的获奖者。

我个人认为，文学本身关注的就是人的精神生活，而精神生活是极其丰富且精彩纷呈的，正因为它那么的丰富和精彩，才不会有全地球人统一的“共识”——没有争议，是不正常的，况且，凭我阅读获诺奖作品的经验——我每年必买一本“新科”的作品，我感觉他们的书的确都有与众不同之处。

诺奖作品可圈可点的，一是“叙事”——讲的什么故事，比如《日瓦戈医生》，应该是以故事取胜；二是“怎么讲”，有没有语言表现形式上的突破——比如彼得·汉德克的《骂观众》——从开头就骂，骂了一两百页，几乎不带停顿，这就是出人意料的“怎么讲”——骂大街。当然它也包含了“讲什么”的突破——头一次有人敢这么粗野地对待艺术的“上帝们”，就是一种形式和内容上少有的双重突破。

至于薇蕊同学所讲的《日瓦戈医生》的精髓——爱生活，我没读过原著没资格多说，但有一点是肯定的：不关心生活、麻木不仁的人，是当不成作家的。

还有，你说经典名著在不同年龄上阅读的感觉不同，这一点是肯定的。因为在不同年龄段上读者积攒、储备的“个人经验”不同，你的“接受平台”会发生变更，比如你读写老年人生活的故事，在真正老年时读和上大学时读，怎么会一样呢？

最后，《日瓦戈医生》和作者最近又忽然成为中国网民热议的话题，因何？有兴趣的话，可以关注下。

读弗朗索瓦·威尔冈的《在我母亲家的三天》

诗正言（法国）

报告摘录

作家一生中最大的恐惧是什么？写了一本不受欢迎的书吗？从地球表面消失在整个宇宙中吗？不，一点也不！作家真正害怕的是没有写作的灵感。一个不能再写作的作家通过过去的成功、现在的痛苦和未来的绝望而生存下来。这本名为《在我母亲家的三天》的书获得了龚古尔奖。这本书的作者弗朗索瓦·威尔冈（Francois Weyergans）将探讨他在写书时所面临的痛苦。他将把读者带入他思想的迷宫，带入一个独特的文学奥德赛。

有些阅读经历是不应该讲的，《在我母亲家的三天》也不例外。在作家思想迷宫的墙壁上，仍然存在着一个巨大的谜团。一个不能再写作的作家的角色是什么？然而，答案是显而易见的：当一个人拿起笔来将陶冶他的思想具象化，塑造他的想象，并在时间上留下不可磨灭的痕迹时，他就成了一名作家。我们都是作家，因为我们可以用自己的方式让平凡的事情变得不同寻常。

齐老师点评（2020年5月6日）

首先，感谢诗正言同学介绍《在我母亲家的三天》（弗朗索瓦·威尔冈作），我刚看到读书报告的头两段就马上从“孔夫子旧书网”上买了一本——十元钱。同学们可以从这个网上买到最便宜同时也是最好的书。

这个议题我尤其感兴趣，因为“灵感”（inspiration）有无，是一个号称“作家”的人最关心的。在这个领域最有名的书是安立奎·维拉马塔斯写的《巴托比症候群》，它列举了作家再也写不出来书的种种原因。其中最有趣的是有些“著名作家”一辈子也没找到写第一部书的灵感。

假如同学们哪天开始了写作并也小有成就，哪天你再也不想写，或者再也写不出东西的时候，那是你“灵感”枯竭了，不妨去读一下《巴托比症候群》，因为你并不孤单。

更有极端地，不少作家再也没有灵感的时候——比如美国的海明威，就选择了自杀。因此，写作也是个“玩命”的危险职业。“灵感”随风而来，又随风而去，对于写作者来说，要做的就是在它经过你眼前的时候，不让它逃逸。

通常最想写作的时候，往往是你的精神世界被“意想不到的力”狠命冲击的时刻。那时候的写作与其是寻求“灵感”，不如说是“故事祈求你记录”。你用写作振作自己，用记录的笔去和“外来入侵者”决斗。

诗正言同学的小说《我不再聆听雨落下的声音》的诞生就是“灵感捕捉”和“不写就难受”的体现。只不过，这次带给作者的“写作冲动”，是全人类的悲剧。

“俄狄浦斯神话”，我想同学们都很熟悉。在东方，这种“弑父情节”并没有像在西方那么被渲染和讨论。

翻译家金龙格我是第一次听说，30 部译作，400 万字译文，获那么多奖项，真值得敬佩。

但我更希望同学们做到的是——假如你想把翻译和写作当作终身神圣职业，是翻译和创作“两手抓”——你有“灵感”时就赶紧写作，就编自己的故事；你没灵感时就去翻译别人的创作。

这样，你的笔就永远不会停顿。

读蕾秋·乔伊斯的《一个人的朝圣》

梦琪（俄罗斯）

报告摘录

本人很喜欢这本小说，读完之后，心里感觉暖暖的并充满希望。每个人都要有信念。这是我从哈罗德朝圣中吸取的教训。我的意思不仅意味着宗教的信念，而是总体的信念。

当哈罗德开始朝圣之旅的时候，他心中充满着信念——只要他坚持走下去，奎妮就一定会活下来，甚至她的癌症会消失。哈罗德像一个孩子一样相信一个几乎不可能的奇迹会发生。最终，奇迹还是发生了，但它与奎妮无关。哈罗德通过87天的朝圣救的不是奎妮的命，而是自己的。除此之外，他找到了人生的意义，并对生活恢复了希望。他走得越远，离自己越近。这也是一种奇迹。

对我来说，哈罗德人生的例子总是会提醒我，信念是一种动力，只要有信念，没有什么是克服不了的。

齐老师点评（2020年5月6日）

梦琪同学读书报告中最应该赞许的首先是你对故事情节、结构及叙事特点的分析。因为一部作品除了“写了什么”之外，我们还关注它是“怎么写的”。

作家在述说一个故事的时候能有许多种方法，那么哪种是最好的呢？我自己的经验是写不同种类的故事要做不同的选择，当你把作品写完后请别人读时，别人能把你的故事读明白了，那种叙事方法就算是选对了。

梦琪所说的“按时间线状叙事、插叙和补叙”当然是最普通的叙事方法，但有些名著的叙事方法与传统的截然不同，其中有新的探索和突破。当然，他们进行那种试验的时候是要冒风险的——因为读者可能读不懂你的作品。

巧了，这位作者的名字也是“乔伊斯——Joyce”，和爱尔兰著名作家詹姆斯·乔伊斯（James Joyce）同属“一个家族”，而后者所有作品从叙事方法到故事情节都神秘莫测，都很难读懂。

我是想说：读一部书时能从叙事方法的角度去思考，是一个进步，但那也非常烧脑，同时也满含乐趣。

不仅是小说，所有文艺作品——比如电影、话剧，在欣赏的时候都有一个“它们为什么那么表现”的思考维度。

梦琪同学读书报告里的第二个亮点是《一个人的朝圣》在俄罗斯如何被评价的量化分析，这样，才能证实它的艺术效果。

《一个人的朝圣》的英文书名是 *The Unlikely Pilgrimage*

of Harold Fry。它之所以成为世界名著，我想首先因为它是“励志”的，很像《阿甘正传》（*Forrest Gump*）——一个非常普通的人在大路上独自行走（跑），不久他们身后出现了很多追随的人和他一起去“朝圣”——这让我想到去年去西藏时路上看到的朝圣藏民。

我想这个故事的“奇特之处”还在于写了一个本不太可能去长途跋涉安慰的人——她（奎妮）只是他（哈罗德）的一个普通的同事，而这种同事在我们一生的职场中会碰到无数，即使是那样，他还是长途跋涉去安慰身患绝症的她，他一路走了下去没有停步。

世界上有两种奇迹：一种是真的奇迹，比如你爬上了世界最高峰珠穆朗玛峰；还有一种是不经意发生的事情，但它竟然发生了。

读几部“大尺度”小说有感

黄伟松（柬埔寨）

报告摘录

我在4月底的时候，发现我们还有4月读书报告的任务，我突然觉得有点儿吃惊。虽然我每天都看书，但是大部分在看的书，不瞒老师说，都是暴力犯罪、悲伤、刺激甚至尺度很大的书，所以说，我不能把我在看的书或者以前读过的书给老师报告。同时也因为我又记不得具体的内容，找不回读书的感受。

如此，我选择了一本叫作《虹膜酒店》的日本小说阅读，并给老师报告。出乎意料，我读的那本日本小说，却比我所说的尺度很大的书，更要严重呢。我读之前，看到很多西方的少女喜欢看，我以为这本书肯定很有意思。后来我才发现，有意思确实有意思，但是小说里面的内容太性感了，不是一般的性感，而是变态的性感。简直可以说是美国《五十度灰》(*Filthy Shades of Grey*)的日本版。这篇小说和我在寒假时读的《窗边的小豆豆》的差别可太大了。

读了这本小说之后，我真的好奇，作家到底是什么样的人才会创作这种小说呢？于是我发现，其实作家是一位中年日本女性，叫小川洋子（Ogawa Yoko）。她创作的小说都很出名，经常得到日本国内和国际的奖项。她最有名的小说是《管家和教授》（*The Housekeeper and The Professor*）还有《跳水台》（*The Diving Pool*）。我读《虹膜酒店》这篇小说时，感觉虽然尺度很大，但对于已经快要30岁的我来说，也不觉得怎么样。我只是觉得很意外，日本的社会，那么害羞，那么内向，真的会有这样跟美国差不多内容的小说吗？小说的情景，用词的程度，表达情景的语言都很简单，容易懂。

齐老师点评（2020年5月7日）

伟松同学这篇读书报告没有书名，所以，我索性给了个书名——“大尺度”。

伟松同学曾说看了很多书但写不出读书报告，我终于明白为什么了，你看的那些日本“大尺度”图书确实进不了正统文学的行列，但它们的确又是小说，而小说又是文学作品的一种形式。那么，我们可不可以说“小说”并不完全等于“文学”，只有好的小说——才能成为“文学”研究的对象呢？

那么新问题来了，怎么判断“好还是不好”呢？

什么才是那个“尺度”？

我可以笼统地说那个“尺度”只存在于感觉和共识中，而且这个“尺度”是不断变化的。

比如，中国古代文学《金瓶梅》起先就是一部进不了文学殿堂的“大尺度”书。

《洛丽塔》也是。

《尤利西斯》因尺度过大也被禁过。

或许我们可以说，所谓的“尺度”就是人类容许出版物公开存在的那个可接受的“舒适点”——倘若，我们只是从“性”的角度讨论“尺度”的话。

或者，可以搞一个测试——在大学的讲堂上，师生可以公开进行学术探讨而不脸红的小说，就算是文学能接受的“作品尺度”了吧。

不同时代的“文学人”肯定观念不同，因此，“尺度”又是全社会性的，不仅是出自学术圈。

但有些奇特的“作品”——无论是小说还是诗歌散文，会凭超强艺术魅力而独创一片天地，逼迫人们接受它们，并由此把原先的“尺度”推翻，使其扩大、放宽。

《洛丽塔》就是一个例子。

由此看来，伟松“偷看”的那些“大尺度”图书——暴力、色情、变态的，究竟是不是文学作品，还要看它们在艺术上的表现。

《虹膜酒店》里面的人物举止在日本不算太新鲜，情节上也能满足猎奇的心理。因此，我不好说这部书能不能不脸红地在课堂上讨论，但有一点——你对小说情节的叙述，无论在讲述的口吻还是行文上都十分有“文艺范儿”。因此，即便小说够不上“文学”，但你的这篇读书报告，也算是文学了。

读丰子恺的《此生多珍重》

阿凤（乌兹别克斯坦）

报告摘录

丰子恺，一个有才的人，画画、写作等他都会，是中国现代画家、散文家、美术教育家、音乐教育家、漫画家、作家、书法家和翻译家。我近期看了他的《此生多珍重》，时不时还可以看见丰子恺画的插画，就跟看了两本书似的，一本文字书，一本漫画书。

我觉得这本书也许是丰子恺对于人生的感叹和美好人生的分享。丰子恺的人生就跟着自己的心走，寻找着自己所喜欢的，放弃那些自己讨厌的。他过着人们为之努力的、梦想的生活，他用自己喜欢的工作养活自己。其实，所有人都认为不可能有这种生活，但事实证明有，只是你没有选择那种生活。人生就像选择题，你选择哪个，你就得接受哪个。好比数学选择题，你选择了错的那个，你就失去了那一题的分数；你选择了对的那个，你就得了那一题的分数。

一本书中说过：请相信，这个世界上真的有人过着你想过的生活。此生多珍重，愿你可以给自己的人生做出一个满意的选择，完成这道选择题，得到这一分。当你找不到一个可以帮助自己的人时，你可以静下心来，看看这本书，找回失去的感动、力量与坚强的自己。

齐老师点评（2020 年 5 月 11 日）

我本人就非常喜欢丰子恺，所以看到阿凤同学这份报告时，心情也非常愉悦。

我自己画画也时常照着丰子恺的画模仿。

丰子恺的人生是极其丰富的，在文学、绘画、音乐、翻译等领域都颇有建树。因为同学们是翻译专业的，特别注意一下丰子恺在翻译领域的贡献：他是著名的翻译家，早年留学日本，精通英语、日语、俄语等许多文字——屠格涅夫的《猎人笔记》就是他从俄语翻译的，而且他是在 53 岁时才自学的俄语。

人生道路有各种选择，不过，能把一生活得像丰子恺那样丰富的人恐怕不多。按传统的逻辑，我们似乎只能“继续努力”才能达到，但单纯的“努力”或许不够，这也和丰子恺“要自然地活着”的原则相冲突。我想，这可能要有一定的天赋吧。

读钦努阿·阿契贝《一切都分崩离析！》

桑戈里（马里）

报告摘录

我曾有机会在马里语言文化大学读一本书叫：《一切都分崩离析！》。这本书讴歌非洲的传统和祖先，批判非洲文化的消失和被殖民后的不利条件。我一直喜欢这本书，因为我对非洲文化和世界文化非常感兴趣。这本书的作者是尼日利亚作家钦努阿·阿契贝（Chinua Achebe）。他被称为“非洲文学之父”，是非洲文化的伟大捍卫者。

我对这本书非常着迷，因为它强调了文化在我们社会中的重要性以及殖民对非洲社会造成的损害。让我印象深刻的是那些导致非洲文化被殖民文化改变的事件。

齐老师点评（2020年5月20日）

这篇报告很优秀，尽管其中有些文字语法错误，但是能用外国语言把一部文学书介绍得如此详细，也是非常难得的。

《一切都分崩离析！》是著名的尼日利亚作家钦努阿·阿契贝（Chinua Achebe）写的、代表非洲文学水平的书，讨论的也是非洲最重要的主题——殖民化、民族独立、宗教、文化冲突、生与死，等等。

通常这种涵盖所有重要故事的书叫"史诗性文学作品"，中国作家陈忠实的名著《白鹿原》就是类似的书，推荐同学们阅读。

这类名著的特色是包罗万象，很难用简单的尺度和标准去判定，它们做出的贡献是展示一个国家甚至一块大陆发生的几乎所有事件和冲突，是一种背景色彩极其浓厚的百科全书。

因此，对这类作品我们无权说自己的喜好，最好就是认真阅读、认真思索，然后让不该发生的不再发生，让死去的亡灵得以超度，把该继承发扬的继承发扬下去。

2015年我曾去过南非共和国——非洲的最南端，因此对非洲的现状有所目睹，那是一片神奇美丽的土地，人民纯朴善良，当然，贫富差别之大，也是触目惊心。

我们每个人都是"命运的儿女"——我们的出身"奠基"了我们大部分的人生基调——宗教、肤色、经济、文化等，但那只是最基本的，其他的人生部分需要自己去塑造、去填充、去使其精彩，一个人如此，一个国家和一个洲，就更是如此。

读村上春树的《当我谈跑步时我谈些什么》

薇蕊（俄罗斯）

报告摘录

购买这本书前我没读过村上春树的任何小说，没看到关于他的任何信息，什么都不知道。我决定买他的作品只是因为它很流行而已。浏览书店书架时我看到了《当我谈跑步时我谈些什么》便一见钟情，因为我自己也喜欢跑步，我认为跑步能帮助培养纪律性，还能使我感到满意：每天跑完一定的距离后，就会觉得自己达到了小目标。

这本书就是自传，对于还没读过某位作家任何作品的读者来说，自传没什么意思，太无聊。但是我很高兴从村上的作品中选择了这本，作为我阅读的“第一部村上著作”。

作者不仅描述自己的生活，而且分享了他丰富的经验和思想。读完后读者会认为村上是他的好友，以后也一定会购买更多村上春树的书籍，并且一定会喜欢——既然村上春树是他的朋友，怎么能不喜爱你朋友写的东西呢？

《当我谈跑步时我谈些什么》读起来很轻松，这与你喜欢不喜欢跑步未必有关。

60多岁的村上尚对人生有憧憬，他用坚持跑步的方式，继续着自己的写作之路，让它始终充满活力和未知。不能放弃梦想和抱负，即使这些梦想是疯狂的。

我真想有一天征服珠穆朗玛峰、阿尔卑斯山，去非洲，在阿根廷学习跳探戈，从埃菲尔铁塔上看巴黎。我也很想开始写自己的小说，并成为一位翻译家，学习许多语言。我不知道为什么有这么多梦想，可能这都是像村上春树在书的结尾说的那样："无论如何，我却一次也没有走过。"作家的意思是他参加马拉松时总是跑步，从来不会为了休息而停下来，因为他"可不是为了走路而前来参加这场赛事，而是为了跑步才来的。不管奔跑速度降低了多少，我都不能走。这是原则。违背了自己定下的原则，哪怕只有一次，以后就将违背更多的原则，想跑完这场比赛就难上加难了"。

我想朝着我的所有梦想前进，我不能放弃——"我都不能走，这是原则"。

齐老师点评（2020年5月28日）

我能想象，薇蕊同学写这篇读书报告的时候是抱着某种激动的心情的——你从村上春树喜欢跑步而选择了这部书，而恰好你也是跑步爱好者，那么你就是他这部书的"最理想读者"。

似乎没有比用跑步来形容翻译和写作更加恰当的比喻了，或许用跑马拉松来比喻世界一切需要耐力坚持的行为和事业，都是最恰当不过的。

但是，并不是所有人都有跑步的爱好和体验，都能体悟到跑步的乐趣、艰辛和心灵身体上的愉悦，但你却能，但村上却能，这就是你们两人——一个作者和一个读者之间的天赐缘分，因此你注定把他和他的作品发展成你的“铁杆朋友”。

可能是因为我本人喜欢各种运动却就是不喜欢跑步，村上的书我偶尔读读却不会痴迷。我可以读日文原版的村上作品。他的文字即使在日语中也算是“欧化”比较明显的：正因为他同时也是美国文学的翻译家，英语表达习惯被他潜移默化地融入日语的表达之中，形成了独特的“村上语言”。

村上的实践证明翻译和写作是很多大文豪具备的两种能力，他们在两方面的探索互为影响。

在写作方面我自己也算是个“文字马拉松跑步者”，26年我写完26部作品、共计五六百万字，因此我可以分享自己的“文字跑步诀窍”供同学们参考：我的“诀窍”是无论创作还是翻译，你只需每星期最少完成2000字，一年有52个星期，那么你每年就能完成大约10万字的写作，而最短一部著作十来万字就够。

10万字一听是个很大的数字，但每周写2000字对任何人来说都很容易，关键是你是否能够坚持每星期写2000字、一直坚持52个星期呢？

记住：每周只需写2000字，只要能坚持一年，一年以后你就能写成一部书，出版后你就是个“作家”了。我记得村上春树的“出道作品”字数也不很多。

翻译也是同样：每周翻译2000字，坚持一年你就能翻译完一部书。

我自己业余坚持那么做了20多年，现在反观那个过程和跑马拉松多么相似！

其实，跑步是任何人都能做的最简单运动——只要你有双腿就能上路，但能不能成为马拉松运动员在于你能否把最简单的动作一直不停顿地坚持下去，用村上的话说就是只能是跑，却从不能走。

归根结底是看你有没有做成一件事情的毅力。

千里之行，始于足下。

读阿耐的《欢乐颂》

黄伟松（柬埔寨）

报告摘录

为了学会汉语，我不断地想方设法找各种各样的方式来练习汉语。在这个过程中，我发现读小说是一种既免费又很有效果的学习汉语方式。但是，不是所有的小说都适合那些语言能力有限的人。对于汉语水平有限的伟松来说，如果想读《红楼梦》《阿Q正传》或者《三国演义》等的话，还是得先等着吧，肯定有一天，伟松能够读懂那些书。有一些小说，使用的语言很简单却没趣，有趣的小说却难懂，又有趣又容易懂的汉语小说却不多。还好，我突然找到了一篇很长的当代小说叫作《欢乐颂》。

看来读小说不只能提高语言的能力，同时也会学到很多事情。有时候读小说可能没有学到什么，但无论如何我们也可以了解到一位作家的思想——他为什么这么想？

太可惜了，这是要交给老师的最后一篇读书报告了。以后如果有机会的话，我真希望交给老师读书报告的书是像《红楼梦》一样那么有历史的文学名著。

齐老师点评（2020年5月28日）

伟松同学的文字水平和文学悟性很高，你能把《欢乐颂》的故事情节和主要人物用非常贴切细腻的语言描写出来，说明你能沉浸在《欢乐颂》之中，同时还能将它的精华总结出来。这很不简单！

《欢乐颂》和《都挺好》是近两年中国热播的电视连续剧，它们的作者女作家“阿耐”是个非常神秘的“隐身作家”，她几乎不对外披露自己的信息。在大众电子写作和文学产品过剩、写书人往往要多于读书人的时代，有些作家为了卖书需要四处奔波亮相提高自己的曝光知名度，而像“阿耐”那样以写作为副业又如此成功的人真是凤毛麟角。

你能读懂《欢乐颂》同样你也应该能读懂《红楼梦》和《阿Q正传》，因为它们都是用白话文写成的。经典和非经典的区别并不体现在文字的晦涩上，而是前者的思想性更强，探讨展现的主题更宏大深刻。

为了节省眼力，我这些天就在用手机上的“喜马拉雅”软件试听《红楼梦》。原来我担心听不懂，因为毕竟《红楼梦》是曹雪芹在几百年前写的，觉得那部书只能看不能听，但听了几回之后我发现完全没有问题，几乎和听现代小说一样，而且还能把听过的内容更好地呈现在脑海中——因为朗读者是带有语气的。

小说的神奇是能把你和几百年前的作者以及他们笔下的主人公瞬时拉回到一个话语场中，仿佛能让时光倒流。

我昨天还听了王小波的小说《黄金时代》，朗诵者语气和背景音响效果也同样是用眼睛阅读领略不到的。

我也强烈推荐同学们阅读王小波的书，他是当代文学的一座奇特高峰。

回到大众小说《欢乐颂》和《红楼梦》《阿Q正传》等经典的对比，它们的共同点是都有吸引人的故事情节，区别在于作品寓意的深浅和描写技法的高低，而单从语言难度上看它们是没有多大区别的，有时恰好相反——越是了不起的作家越能用更简单易懂的语言表现更加深刻的含义，就比如《阿Q正传》。

因此，我希望伟松同学从下一部书起阅读《红楼梦》或者从听《红楼梦》做起，你会发现其实《红楼梦》的文字是十分易懂的，和《欢乐颂》没太大区别，而曹雪芹的写作水平却是远超女作家阿耐的。

要不怎么会说《红楼梦》是中国文学的珠峰呢，它会将你带入最高的梦境。

读余华的《在细雨中呼喊》

赵佳一（埃及）

报告摘录

《在细雨中呼喊》是悲剧的结局。悲剧往往给人最深沉的感动。抛弃固然可怕，但只要不自我抛弃，你就会永远地被接纳。不要太过奢求，因为人总是难以满足。知足常乐！当岁月的痕迹已悄无声息地在你脸上雕琢，当你的内心已拥有足够的豁达，你会豁然发现，早有一朵圣洁的小花在你心头静静绽放，发出圣洁的光芒！

好，我能读完《在细雨中呼喊》，一方面是由于余华对生命诞生、生命挣扎、生命毁灭的动态过程的展示以及对生命勃发、死之战栗的刻画都充满摄人心魄的悲剧力感。另一方面，则是由于小说世界里飘浮着凝重的生命意象。可以说，这部小说正是由具有意象意义的、沉甸甸的意象构筑而成的。

齐老师点评（2020年5月29日）

余华的这部书是我很久以前读的，佳一同学这篇完整的读书报告又帮我回忆了那部作品。

余华不用说是中国当代先锋派作家的代表，而他的这部《在细雨中呼喊》仅次于《活着》，也是他的代表作。读它时给我留下的最深刻印象是它的语言——细腻中带着血丝，像手术刀那样能划开生命和时间的每一寸细节。

单从语言角度来说，这部书就是唯一而不可取代的。

作家除了讲述故事之外，叙事语言的选用和创新也是他们的使命之一。语言的独特除了技术层面的原因，更有来自对世界理解的不同，因此特立独行的作家必然拥有特立独行的语句。

由此说来，读《在细雨中呼喊》时你只要读出它语言的特别之处，就算把握住它了。

读那本书总体感觉是伤感和忧郁的，而那也正是余华作品独特之处。

我更感兴趣的是你介绍的该书阿语译者，他竟然是北语的博士研究生，而且和我读的是一个专业——比较文学。

希望佳一同学也像他那样喜欢翻译带来的挑战，成为中阿文学的桥梁。你的文字功底不用说是一流的，因为在报告总结的部分你已经写出了余华文字的韵味。

借用你的话说：“我相信奇迹！”

读达尼·拉费里埃的《还乡之谜》

诗正言（法国）

报告摘录

旅行，多么美好的冒险啊！还有什么比完全沉浸在另一种文化中更能开阔你的视野呢？答案是显而易见的。当还乡时，跨文化体验会比以往任何时候都更强大。但流亡完全是另一回事。背井离乡给人们造成的心灵创伤，让人晕头转向。加拿大、海地双重国籍作家达尼·拉费里埃在《还乡之谜》一书中，探讨了流亡、疏离和归国之难的问题。

在读者的生命中，有那么一些优雅的时刻，文字抓住了灵魂，颠覆了灵魂。在这个有时太过庸俗的世界里，读这本书对我来说是一种独特的体验，是生活的一段优雅插曲。诗歌有一种神秘的力量，可以传递一种语言、一种文明的所有美。这是一种永恒的情感冲突，它本身就是人类灵魂的体现。《还乡之谜》这本书是一部心灵的奥德赛，在这里人们知道自己失去了什么，却不知道会不会有所收获。

齐老师点评（2020 年 5 月 30 日）

读诗正言同学的读书报告总是一种期待和享受并禁不住受到你语言的蛊惑。上次我就买了一本你介绍的《在我母亲家的三天》，果然非常棒，读完还写了一篇阅读笔记。这次还没看完，就匆忙从“孔网”上买了一本《还乡之谜》。

这位达尼·拉费里埃算是我的半个“老乡”——蒙特利尔人，只不过他返还的故里是海地，我的是北京。但那种滋味是可比较的。侨居蒙特利尔 10 年后我于 20 年前回到北京，大约有半年感到自己是“异乡人”——蒙特利尔的人都长得“花花绿绿”的，各种颜色都有，而在北京我们都是一样的；蒙特利尔大半年被冰雪覆盖，北京终年的“雪”却只在冰箱的冷冻室里。

人总是能够很快习惯你被“赠予”的各种环境，从陌生到适应通常两三个月就足够。

故乡还分肉体和精神的，现在、过去和将来的。

肉体的、地理的故乡是好适应的——无论离开还是返还，精神的就比较难。

读书写作成为诗人，就是将精神的居住地——故乡的范围扩展，读写得越多，你“精神家园”的范围和面积也就越大。离开后一旦想回归了，你就比别人更接近、更便捷。

伟大诗人拥有的诗心能包揽宇宙各个角落和各种元素，那样的话，在你心中就无所谓“异乡”还是“故里”了。

读金爱烂的《我的忐忑人生》

金涛煐（韩国）

报告摘录

在写本次作业之前，我考虑了很久，最后才决定选择《我的忐忑人生》这本小说作为写作对象，由这本小说改编的电影名为《扑通扑通我的人生》。

我想从“是否值得翻译成中文”的角度评估一下这本小说。

我的想法是“非常值得”。每次思考一个作品的翻译价值的时候，我首先考虑的因素是这两点——一个是“被翻译成外语之后，作品能不能得到那个国家读者们的喜爱”；另一个是“作品能够传播什么样的教训和价值”。首先，2015 年以这本小说为基础制作的电影在中国上映过，看过同名电影的中国人已经对本小说的内容很熟悉了。小说里面很多内容都是接近普通老百姓的生活，所以没有距离感，再加上笑点也很多，不管是男女老少、中国人还是韩国人，都很容易沉浸其中。

再来说说阅读完《我的忐忑人生》之后，我的感受。

小说和改编的电影我都看过，而且曾经也阅读过作家金爱烂的别的作品。我非常喜欢这本书，是因为它能给我带来正能量！我们所有人在人生当中都会遇到无数的挫折和困难，可能会感到绝望，甚至会失去一切。但是我并不认为这就是失败，我觉得最重要的是我们怎么面对这些困难。抱怨是没用的，羡慕他人是让自己更痛苦的行为。小说的主人公得了疑难杂症，而且因为病情，外貌也变得和80岁的老人一样，但是他心情非常淡定、乐观，因此周围很多人都很喜欢他。用一句话来说，快乐和痛苦都来自我们的“心态”。不管在什么时候，我们都要保持积极健康、乐观向上的心态，这样什么困难都不是困难了。

随着我的年龄的增长，我越来越明白读书的必要性和重要性。我为什么这么说？因为如果我没接触过这本书，可能到现在还没有得到这么宝贵的“教训”！

齐老师点评（2020年6月7日）

金爱烂的那部书相信任何人读了内心都会扑通扑通的。我刚咨询了一下“罕见病”专家，书里那孩子得的病也叫“早老症”。

命运捉弄了他们，那位喜欢写作的父亲对命运的反击，就是把一段孩子的悲剧故事写成了书，用乐观戏弄了悲剧。

我相信《我的忐忑人生》（电影名是《扑通扑通我的人生》）译成中文后也有大量的读者，我就是其中的一个。

读太宰治的《人间失格》

东方明（埃及）

报告摘录

日本搞笑艺人说，他们根本不敢谈自己的成功经验，只能反复地说自己失败的经历。

就比如刘邦的胜利给他带来了天下，项羽却因为他的失败而占领了文艺领域。因为很多人都很同情项羽，所以很多作品都会以他为主角，因为他的失败在历史上留下的印记比刘邦更加深刻。

在现在的社会，我们不得不为了成功而努力地奴役自己，可在人类的集体记忆中，我们现实的成功实际是毁掉了自己的历史地位。我们在现实上越成功，在文艺价值上就越失败。

从这个角度而言，《人间失格》这篇小说揭示了现代成功的齿轮下被碾轧的人生，落后而失败的人在这种社会中的痛苦，或者有人装作失败而利用痛苦占据文艺地位的过程。

因此，有人认为文化永远都是传统而落后的，而进步的永远都是庸俗的，没有太多文艺价值。

所以没有实用价值的东西最有文化价值，好看的东西没有用，有用的东西不好看。可每一个实用的东西都有着对未来的恐慌，生怕被新发明的东西所替代。

因为我们对未来有恐慌，才需要文化来安慰自己。因为我们对过去的东西总有依赖性，觉得过去的事和物是最好的，永远都不想改变，这样就不用承受对未来的恐慌，所以我们才需要文化，才需要那块疤痕。

每一个未来恐慌又带来对过往的缅怀，人类就是在这种追求进步带来的未来恐慌中沉迷于文化的动物。

这本书让我觉得自己瞥见了我本不应该看到的东西，就像是阅读了作者最私密的想法。当然，作者是希望这些想法被阅读的，但是这本书最让人难过或者压抑的地方之一就是，这本书多多少少也算是作者的自传。

太宰治出了这本书。他运用了童年时代的元素，掩饰了自己的沮丧情绪，并在书中记录了他的一些自杀尝试。

当他写完这本公开的抑郁日记时，他自杀成功了。

《人间失格》是一本很丧的书。阅读这本书时可能会产生一些心理上不舒服的感觉。我认为很多人在阅读这本书时，都会和主人公产生一些共鸣。

这本书让人不舒服之处就是作者抓住了许多与之相伴的感受。自我厌恶，真诚地相信别人的问题可能是由自己造成的，自己的痛苦对自己的重要性，以及仅通过自己的观点来查看其他人的问题……那些没有经历过的人可能会发现我们的叙述者是个可鄙的人物（事实上，他经常如此）。通常，即使是在他最讨厌的时候，我也只是以同情的态度看待他，因为无论别人多么讨厌他，我向你保证，他更讨厌自己。

大庭叶藏为什么如此沮丧？一个人又为什么能够如此沮丧呢？当然，他也给了一些关于成长期那些不愉快的事情作为理由（虽然他从未直言，但却也强烈暗示过他在孩童时期曾遭受过性虐待），但确实感觉即使没有过去的创伤，他仍然会陷入相同的困境，在相同的地方。他没有任何借口，这就是他的本性。

这也可能是我读过的最惨淡的书之一。尽管主人公没有死去，应该说就是因为大庭叶藏没有死成，它才算称得上是以最暗淡的方式结束。尽管他进行了多次自杀尝试，但总是靠愚蠢的运气幸存下来。然而这些没有死成的幸运并没有改变他。他没有比以往任何时候更快乐，反而与人类完全疏远。叶藏从精神病院获释后，尽管年纪不大，但由于压力造成的伤害，使他看起来比实际年龄大上很多。“现在，我没有幸福也没有不幸。一切都将过去。”

这本书在日本被认为是经典之作，但并非没有争议。这是可以理解的。这本书抓住了一种不常表达的感觉。

我在查有关这本书的资料时，看到了有些人认为这本书不适合抑郁或容易感到沮丧的人，因为在某种程度上，这本书也是很危险的。可是另有一部分的人认为，这本书像是某种救赎，看完让人喜极而泣，发现这世上其实有很多和自己一样的人，只是大家都戴着这个面具，谁也不知道谁真谁假而已。可能是那种“终于有人理解自己了”的感觉吧。

我个人蛮喜欢这本书的，甚至有些后悔没有能够更早地读到它。我认为这是一本很难得做到了“诚实”两字的书。个人感觉这本书很适合青少年或青年人阅读，它好似在讲述一个故事，又好似在探寻着生存的意义，非常适合当代年轻人在迷茫期看，可以一边欣赏文艺，一边思考自己人生的意义。

齐老师点评（2020 年 6 月 9 日）

日本文学的“特产”之一是“私小说”，太宰治是“颓废派”的代表人物。

你读《人间失格》时所获得的感受是到位的。太宰治在欧美也有很多读者，是具有世界性影响力的作家。

或者太宰治作品展现了某方面人类共同的心理扭曲和阴暗面，因此能引发各国读者的内心共鸣。

你能用中文阅读这部日本名著，是用所掌握的外国语（中文）为资源，将自己的阅读视野向第三国文学扩展的范例。

我们不可能用原文阅读每一国文学作品，却可以用熟练掌握的一种外语作为桥梁，通过译介成果去间接阅读。

中日两国文脉相通，日语中有大量的汉字，因而用中文阅读日本文学能够获得最接近原著的感受。

几乎所有日本名著都有中译本，作为埃及同学，希望你能用中文阅读更多的汉译日本文学作品，跨入一个更广阔、精彩的“东亚文学天地”。

在读书报告中你说，艺术总是被失败者而不是成功者占领，成功者得天下，失败者得艺术。

回顾我们这半学期讨论的这些文学作品，其中喜剧少、悲剧多。其实 2020 这个年度本身就史无前例，我们是在一种特殊的背景下学习、研讨和写作的。也正因为这样，同学们的读书心得和创作才在不自觉中带有强烈的“悲剧和失败色调”。

用你的理论解说：这是“非常艺术”的。

假如一切都像往年那样照旧，同学们文章中的言谈话语或许会是另外一种平缓的风格和气质，但很可能没有这样出彩。

其次是“旧”与“新”的对抗。

你说人们之所以认定过去艺术优于今天艺术，是因为今天艺术是带有时间仓促感，是为超越和摒弃过去奔向未来而创作的，是有目的性的，因此它们在产生过程中就充满着被更新鲜艺术淘汰的焦虑，就很功利而难于免俗，也很快就会过时；而那些以往的经典呢，它们就不会那样，因为它们已被认可，已经凝固，已经永远不会再被更改。

这是未来与过去的对峙，庸俗与高雅的抗衡。

你说得很正确，我也赞同，但有一点我想到的，就是其实那些被选中的经典艺术本身也曾经是那个时代众多“当代艺术作品”中的一部分，是被从万千“庸俗作品”中经过不知多少代人的淘汰和筛选后保留下来的为数不多的精品，是凤毛麟角，是千里挑一，因此它们的艺术价值和魅力就显得不可抗拒和永不磨灭。

那么结论是什么呢？

也许完美结论并不存在，但假如有，我想就是即使经典也应该顶礼膜拜，那些面向未来的新作品——哪怕我们明知道它们俗不可耐，会九死一生，我们也要不厌其烦、马不停蹄地制作和创新下去，因为它们当中的极少数也许就是咱们这个时代留给未来不可被替代的经典之一。当然那个“被发现”的过程有多久我们无法预知，可能是在不久的将来，更可能是在遥不可知的某年某月。只要你的创作有不朽价值，它们的出彩和成为经典就只是时间早晚的问题。

因此我想对同学们说：莫要悲观，不怕失败，坚持不懈，只要能写出、译出你自己力所能及的好作品就可以了。

读杨绛的《走到人生边上》

静璇（马其顿）

报告摘录

这次听了老师的建议，选择了杨绛先生写的《走到人生边上》，也发现了杨绛这样一位伟大的作家。在中国文学里面，杨绛的名字经常跟她的丈夫钱锺书相连，这可能也是燃起我的兴趣的原因。钱锺书描述她时说：“最贤的妻，最才的女。”这并非钱锺书在贬低她的才华，而是在他心中，杨绛作为一个妻子，太完美了。

但我希望将来更多关于杨绛等成功的女作家的描述是将她们的“才”放在第一位。

但是我认为现代社会和教育体系很少注重个人的心理修养和自我认识。好像在我们的社会当中，在实现生活的道路上我们只能往前看，很少有反思的时间和机会。尽管如此，在忙碌的生活中，我认为能够自觉找到自我认识的时间是至关重要的。

齐老师点评（2020年6月11日）

静璇同学平时喜欢质疑和独立思考，那么好了，这学期你终于结识了中国最聪慧而喜欢独立思想的学者作家——钱锺书和杨绛一对伉俪。我相信一旦通过《围城》和《走到人生边上》接触到他们二位，你的“思想库”就会变得更加丰富。

《走到人生边上》刚出版时（2007年），我在阅读时也感到超强的震撼，并把那年写的随笔集命名为《灵与肉的厮杀与缠绵》。因为《走到人生边上》探讨的就是人一生中如何在灵魂和肉体的交替主持下保持平衡：肉体我们不能做主，每人都会生老病死，但灵魂却可以与众不同。

《走到人生边上》或许是在我认知范围内到目前为止年龄最大的作家的“人生感言”——杨绛是在96岁时写的。绝大多数人活不到她那个年纪，那差不多已经是岁数的边界了。失去亲人而独居的杨绛目睹到“肉身悬崖”上的奇异景观并用优雅笔端记录下她的见闻，当时她头脑还那么清醒、敏锐，因此说《走到人生边上》是一部“绝书”、一部常人无法企及的“超高龄睿智”之作。就好比一个智者搭飞船去了外太空，她把在太空所见所思告诉了我们，而我们即使想去、想写也无法落实。

由此说来，《走到人生边上》不仅代表着中国知识分子的睿智，更是一部“人类最长者”留下的“边界智慧书”，是阅遍近百年人世风景的一位长途旅行者的“终极旅途漫记”，是后人难以想象和企及的。

我希望更多同学热爱钱杨伉俪——这对中国学人的“夫妻店”，从他们的著作中得到生命智慧的启迪。

读玛丽亚·帕尔的《暖暖华夫心》

梦琪（俄罗斯）

报告摘录

今年4月本人读了一本百读不厌的书，名字叫“暖暖华夫心”。这是属于儿童文学类的一本书，其作家是挪威目前最受欢迎的儿童作家之一玛丽亚·帕尔。

这本书给我留下了深刻的印象，让我回到自己的童年，改变了我对儿童文学的想法。特里和林娜有意思的故事总是让我哈哈大笑，一开始读就爱不释手，在一天内就读完了。

以前我不怎么看儿童文学，以为这些书只是针对小孩子，其实并不这样。虽然这本书属于儿童文学类，但是成人从里面吸收到的东西并不少。这本书带领读者回到可能已遗忘的世界——童年王国的世界，提醒大家，每个成人来自童年，我们心里都还是孩子。

我可以毫不夸张地说，《暖暖华夫心》是一本心灵鸡汤般的书籍。我确信，凡是读过这本书的人，都会感受到其无边的童真魅力和温暖，这本书甚至会产生一种安慰的效果。如果你跟我以前一样小看儿童文学，那么《暖暖华夫心》可以陪伴你走上一条改变看法的道路，并带给你甜蜜蜜的童年回忆。

齐老师点评（2020 年 6 月 13 日）

发现儿童文学、发现童心是这篇读书心得的亮点。这学期已经有两位同学做到了这一点——第一位是黄伟松同学，他“发现”了《窗边的小豆豆》。

童心是作者的，是作者笔下的人物的，也是读者你的。假如读者童心不再，那么无论儿童故事如何诱人也难引起共鸣，更怎会“百读不厌”？

作为成年人没有童心正常，有呢，则是最佳。

读鲍里斯·维昂的《岁月的泡沫》

大勇（法国）

报告摘录

从童年以来，我就对一本宏大的书特别感兴趣，就是《岁月的泡沫》。我念念不忘这本给我留下了深刻印象的小说。我第一次阅读该书是因为我妈妈有一天告诉我，她用这本书的主人公名字来给我命名，那是她最喜欢的书。在好奇心的驱使下，我就决定了看这本书。由于我对《岁月的泡沫》有特殊的感情，所以我打算写关于这本书的一篇读书报告，以便让大家熟悉一下它叙述的引人入胜的故事。

我喜欢让我的灵魂进入荒诞不经的小说世界，我的情绪随着故事的气氛而变化。在小说的前半部分，科兰的快乐性格以及他对爱情的渴望使我为他感到开心，不过后半部分则被疾病与死亡带来的伤感、绝望所笼罩。因为具有与主人公科兰的同样名字及年龄，我很同情他。除了主人公强烈的感情以外，作者独特的写作风格也给我留下了深刻的印象。维昂的作品充满了文学幻想，我特别享受作家的文字游戏。对我而言，自由的书写方式非常适合故事发展出的宇宙中荒谬的一面。作家的发明性使我自由地应用想象力来享受他的世界。这部作品富有独特的创造力，证明维昂是精通法语的文学天才。今日，正在学习翻译并且可以阅读中文的我，想知道像周国强这类的中国译者如何翻译维昂发明的术语和创造的文字游戏。

由于其不寻常的性质，必须多次阅读此类超现实主义作品，以更好地理解每个符号的含义。看完这本书后，我惊讶地发现小说的世界观是多么正确。例如，随着科洛埃病情的恶化，房子便开始萎缩，即使家中的小老鼠也变得沮丧。事实上，我在特别灰心的时候，也会有周围环境在缩小的感觉。

总之，对我来说这是一本异想天开的书，它使我们以一种夸张而梦幻的方式意识到现实。尽管翻译成外语可能会削弱鲍里斯·维昂的法语之美和语言丰富性，但我还是建议外国读者至少阅读一次这一当代法国文学名著。

齐老师点评（2020年6月13日）

刚读完大勇的这篇读书心得，我就从“孔网”上买了一本《岁月的泡沫》（上海译文1998年版，译者王聿蔚）——一个多么奇特的创意：女主人公胸口竟然长出一朵睡莲。这和卡夫卡的《变形记》很像，看似荒诞，好比童谣，却在荒诞不经中暴露出人性在极端状态下赤裸裸的真实。

法国不愧是文学大国、原创思想的基地，既有鲍里斯·维昂一样大胆构思的作家，也有咱们班大勇、诗正言两位法国同学这样的“伟大读者”：你们两位文笔都犀利娴熟、超出绝大多数以中文作为母语的人的文字构建能力，更有“法棍”一样能探究深层哲理的钻探才华，真是令人佩服！

大勇读《岁月的泡沫》的动机是母亲先喜欢了那本书，并用书中主人公的名字命名了大勇。

我要是你，也偏要读读《岁月的泡沫》，否则怎会知道自己的“来头”？

这无疑是两代人的“阅读接力”：你母亲把阅读收获从身体到精神一揽子传承给了你，你不负母望，继续《岁月泡沫》式的奇思妙想和对荒诞世界幽暗光明的探索。

但愿最终你们母子的文学前赴后继能结出绚丽的“文字莲花”——或者是你的创作，或者是你的译文。

读《尼采诗集》

米莉娜（保加利亚）

报告摘录

这个寒假我读了弗里德里希·尼采的诗集。我本来对尼采的思想和观点很感兴趣，但我承认，我从来没听说他也写过诗。发现这本书以后，我一下子感到很有趣。这是我第一次用中文读外国诗歌，尤其是读的是世界上最知名的哲学家之一——尼采。尼采诗歌里的语言非常高雅。为了读懂这本书，我花了很长时间，一直在查词典、查单词和查单词的不同意思。中文对我个人而言虽然是一门外语，而且读书的时候自己不认识的词无数，但我觉得这本书完全值得花一段时间去读懂它的深厚意义。

虽然我是用中文读这些诗歌，但我自身感到了尼采所描述的感情，尤其是对自然的热爱和它减轻痛苦和孤单的能力。我小的时候经常陪家人去爬山，探索宽广的森林和田野，所以我佩服和支持尼采对大自然的热爱。此外，每个住在国外的人偶尔都会感到尼采提出的无家可归的感觉。

父亲坟墓的主题也给我留下了很深的印象。尼采 5 岁的时候，他的父亲去世了。他一辈子没感受到父亲的爱和保护。尽管我本人的情况与他不同，但我能感受到——我身边两个朋友成长的过程都没有父亲。因为我们三个是一起长大的，我能看出来这个事情如何影响她们的生活。

尼采是 19 世纪世界最伟大的哲学家之一。他影响了世界各地的思想家，包括周国平先生，使他自学德语，使他改变中国年轻读者的世界。尼采的诗歌表示他心里最大的痛苦和孤单。我认为，这个世界上没有没感受过痛苦和孤单的人，而且通过这本书我们都可以探索和了解自己的内心世界。

齐老师点评（2020 年 6 月 29 日）

米莉娜同学第一次用中文读诗歌，这是一个突破。

尼采大家都不陌生，尼采的诗却不多见。我自己阅读的体会是尼采的诗也很好：有生命的原始冲动，有尼采的独特风格。

米莉娜同学从“父爱的缺失”进行分析，是我自己没想到的。这说明真正读懂一部书，需要从作者的背景研究入手。

周国平先生是有名的“尼采专家”，他通过自学掌握德文并翻译尼采的诗，过程有点尼采的“酒神精神”。

总之，这篇读书报告告诉我们，打开新书之门——无论是哪一扇，都会有意想不到的收获。

读阿道司·赫胥黎的《美丽新世界》

米莉娜（保加利亚）

报告摘录

今年整个世界都改变了。在这种可怕的情况下我决定读一本反乌托邦小说。当时我在想，读完描述比现实世界要更可怕的故事以后，我可能会发现现实世界并没有我想象的那么糟糕。

我本人原来很喜欢读反乌托邦文学，奥威尔的《一九八四》让我感到震撼，扎米亚京的《我们》让我反思我们现代社会的未来发展，但赫胥黎的《美丽新世界》给我留下的印象是最深刻的。我认为赫胥黎描述的现代社会和我们现实的现代社会相似点最多。现在越来越多的人选择过度纵欲生活，网上找对象，不愿意结婚，不愿意生孩子，不愿意建立家庭。人们的道德价值观越来越粗浅。虽然赫胥黎是在 20 世纪 30 年代写的这本虚构小说，但我认为他很正确地预见了我们社会的发展方向和对技术越来越大的依赖性。

反乌托邦文学经常用于提醒人们注意现实世界中有关环境、政治、经济、宗教、心理学、道德伦理、科学技术方面的问题，这些问题如果被人忽略，有可能导致出现反乌托邦的状况。赫胥黎的《美丽新世界》是一个经典的反乌托邦世界的例子。它让我重评自己的行为和价值观，让我更加珍惜自己的家人，更加珍惜我们社会中还存在的价值观。

齐老师点评（2020年6月29日）

人类的理想社会究竟应该是什么样子的？

这个问题似乎自从有了人类社会之后就一直困扰着大家。中国道家有"小国寡民"的理想，儒家、法家也各自有不同主张。

值得赞赏的是你读完了著名的"反乌托邦三部曲"——《美丽新世界》《一九八四》和《我们》。至于它们怎样和现实社会关联，我认为这是一个不断变更中的状态，而且因不同国家背景和社会形态而异。

值得欣慰的是：由于这几部书非常普及，被全世界广泛阅读，在大家心里形成了一个潜在的对"极端乌托邦主义"的提防。它们是一种思想的"疫苗"，能形成一定的"抗体"——这正是文学对社会影响的超常力量，也证明写书和读书多么重要。

读余华的《兄弟》

静璇（马其顿）

报告摘录

看《兄弟》是一个让人既震撼又流泪的经历。让人震撼的是小说里面两个完全不同的时代及其人物经历的天翻地覆的变化，让人流泪的是作者在上半部叙述的悲惨和残酷的现实。借用书中苏妈之口说出的话：人怎么会这样狠毒啊！

这本小说让人印象非常深刻，蕴含着各种心境、情绪，让人时而痛哭流涕，时而破涕为笑。我最大的感触就是作者描述那个特殊时期给当时的人们带来的肉体和精神的悲剧。

齐老师点评（2020 年 7 月 11 日）

静璇同学这份“迟来”的读书报告是“值得”的——因为

交作业时间对于一个学期来说是紧要的，但对于文学时间长河来说，又显得微不足道。

文学的功能是记录、描写赞扬，甚至诅咒生命——这一点，余华在《兄弟》中做到了。而作为外域读者，你能这样随书中情节"时而痛哭流涕，时而破涕为笑"，让人也着实为写报告者动容。而作家、写读书报告的你、阅读你书评的人，形成三位一体，再加上原著中那些鲜活或无辜而死去的生命——这一切，都在历史长河和人们精神世界中交流、对撞，迸射出火花……这所有，其实就是小说、是文字艺术带给我们的奇迹。你可说成生命启示录，也可视为精神财富。

实话说《兄弟》我并没读完，也并没为之感动。或许因为我是余华的同龄人，《兄弟》中那些人和事甚至是悲剧，于我们这一代人来说就像在复习自己的童年。但这次读过静璇的"读书报告"以后，我对《兄弟》另眼相看了，为它的"记录功能"——余华将目睹的时代变迁用惨烈独特的文字，为中国保留下一笔无形财富——那财富是悲怆，是痛苦，是不可思议和荒谬、荒唐，是本不应该发生和不应该再次重复……而能够帮助做到以上的，就是作家记录历史的不朽文笔。

读依迪斯·汉密尔顿的《神话：希腊、罗马及北欧的神话故事和英雄传说》

董妙（美国）

报告摘录

如前所述，我真的很喜欢中国历史。然而，中国历史并不是我唯一喜欢的历史，我也喜欢欧洲古代文明的历史。显然，在欧洲历史中，神话扮演着重要的角色。这些神话中最流行的是希腊神话，罗马人在征服希腊时也将其融入社会。希腊神话与罗马神话两者之间有一些差异，比如一些名字的变化和故事之间的小差异。我一直觉得早期人们试图解释自然现象的方式很有趣。他们创造了这些代表自然不同方面的生物，并建造寺庙来祭拜他们。我从中学开始接触希腊神话。我最大的侄女现在也上中学了，她提到她的老师正在考虑教他们希腊神话。她问我是否了解他们，我做了一些研究，发现了这本小说：《神话：希腊、罗马及北欧的神话故事和英雄传说》，作者是依迪斯·汉密尔顿，它介绍了希腊神话以及与之相关的所有故事。

这本小说的中文译本由华夏出版社出版，译者是刘一南。不幸的是我找不到关于这个翻译者的任何信息。

我还没看过这部小说的中文版，所以我不确定它是怎么翻译的。在我看来，这本书的英文有一种古老的风格，所以除非它被更新为一种更现代的英文风格，否则我认为中文翻译也应该反映一种古老的中文风格。而且，我认为翻译必须小心。故事有多种版本，由于受到迪士尼电影《大力士海格力斯》等影视作品的影响，希腊神话很受欢迎。译者可能会无意中吸收一些信息并可能影响翻译。它应该尽可能忠实于书中的内容。

宗教这个话题对我来说一直很有意思。因为我的家人是基督徒，所以我小时候就试着去教堂。尽管做了多方面的努力，但我从来都不相信基督教，我一生都是无神论者。因此，让我惊奇的是，不同的文化产生了这些神和故事。但是，我能理解，在缺乏科学理论的情况下，怎么可能有人知道雷击的原因呢？为什么人们会坠入爱河？谁创造了人类和火？古代文明创造神话是人类为了试图了解他们的自然环境。然而，几乎所有的神话都不再有信徒了。最终，留下的只是故事。即使他们走了，其他宗教也以同样的目的来取代他们，来解释为什么事情会发生。我要说的可能很有争议，但谁能说现代宗教本身不是神话的一种形式呢？也许有一天它们也会消失，被别的东西所取代。我们所知道的是，它们已经被记录下来了，所以在遥远的将来，有人也可以像依迪斯·汉密尔顿对希腊和罗马神话那样分析它们。就像古希腊人和罗马人一样，我们的未来是不确定的，谁知道会发生什么。

齐老师点评

董妙同学这篇读书报告流畅、真诚，读起来带给人愉悦。

无疑，每个国家都有自己的神话，并用神话去解释那些令人感到不可思议的现象。

能始终抱着“神秘感”去观察和理解生活是一个人文学者应有的情趣。先阅读神话，然后通过翻译和写作、传达或创造出自己的童话。

读加西亚·马尔克斯的《百年孤独》

米莉娜（保加利亚）

报告摘录

今年整个世界都改变了。每个人都受到了疫情的不同影响。我决定留在中国，住在校园内的国际留学生受到了学校封闭措施的影响。在这个情况下，我决定读加夫列尔·加西亚·马尔克斯的精彩作品——《百年孤独》，当时觉得标题十分妥当。后来，这本书让我深刻地思考人生中各种决定产生的命运，以及犯错后忽然悟得的道理。

我问了好几个拉美朋友，尤其是古巴朋友，他们对马尔克斯的评价是什么，他们都承认马尔克斯是个非凡的人，很开心在高中时读过《百年孤独》，因为他很准确地描述了拉美洲许多国家的现实。

译者范晔先生曾经出国留学——在墨西哥大学学习了 1 年，然后在西班牙格拉纳达大学一共学习了 3 年。我个人觉得，这种经验肯定改变了他的世界观，让他的见识丰富了起来。我像他一样，在国外一共学习 4 年了，我在中国生活的这 4 年彻底改变了我的世界观，把我的生活变得丰富多彩。对我个人而言，或者说对所有翻译专业的学生而言，范晔先生的翻译作品有很大的启发性。

魔幻现实主义文学精彩地描述了拉丁美洲极为萧条的现实世界。它的独特性在于它使用魔幻方式描述阴暗的现实历史。如果直接写出残酷现实的历史事实，可能很少有人会愿意接受，但是很多人愿意通过魔幻现实主义文学更深地了解历史事实和事实的因果。我特别佩服拉美作家，尤其是加夫列尔·加西亚·马尔克斯的想象力和讲故事的能力。因他的故事，我的世界再次变得丰富多彩。

齐老师点评（2020年8月12日）

窗外正在下着一场“夏夜豪雨”。

刚从郊外归来，偶然打开邮箱，意外发现了米莉娜同学这篇“最晚到的读书报告”，几分欣喜。

读书无早晚，正如这雨水，只要云量充沛，迟早会有“成果”下落。

文科和理科不同的是“悟性”大于“理性”。有的书你今天读不进去，明天或后天读进去了，这就可以。作业也是一样，并非像当兵那样整齐划一，后送来者，也符合要求。

马尔克斯最有名的著作无疑是这部《百年孤独》，这部书在世界各国包括中国接受、传播以及产生影响的过程，本身就是一部长篇小说的素材。

其实这部书我并不特别喜欢——它的奇特是无疑的，但它或许就终止于“奇特”和“魔幻”——其实，包括最受它影响的中国作家莫言，也没能真正把它从头读到尾。

《百年孤独》小说出版成名的“成功之路”，倒是我这个“非著名作家”特感兴趣的。知道吗？马尔克斯成名前极其穷困潦倒，他家里最后一笔仅有的“钱财”，就是把《百年孤独》寄给出版社的那笔邮费。

他“荒唐”的人生经历也不可复制。在巴黎时他曾经靠捡垃圾维持生活，还和海明威匆忙见过一面。

其实，马尔克斯除了《百年孤独》之外的几乎所有书我都喜欢，而和瘟疫关系最大的是《霍乱时期的爱情》，那是同类书的高峰之一，建议阅读。

2020年无疑是“孤独年”“沮丧年”“困惑年”——全人类共同的感受。北语的学生一直不能出校，我真没想到。用最常说的“理解万岁”——送给留校的外国同学似乎不太真诚，但学校的一番苦心和迫不得已也希望大家能够领会。

最后想说的是——对抗孤独，读书是一个最好的方法。无论是《百年孤独》还是《围城》，读时都会使人的思绪像鸽子一样腾跃“出于善心构建的隔离墙和城堡”——而飞向随心所欲漫无边际的远方。

最后，再次感谢米莉娜同学这份“并没迟交的作业”。

读彼得·梅尔的《一只狗的生活意见》

手塚伸子（日本）

报告摘录

《一只狗的生活意见》是我第一本读完的中文书，也是用汉语读的第一本海外作品。首先，我想向给我这次宝贵机会的齐一民老师表示衷心的感谢。虽然与其他同学选的作品比起来，我选的是比较易懂的一本小说，但是对我而言难度还是很高的，也可以说是一个很大的挑战。

小说中，这只叫仔仔的狗的性格是特别坚强的。它无论自己陷入什么样的情况，都会很认真地接受眼前的现实。我认为它的这一点值得我们学习。它自出生以来从未悲叹过自己的命运。它刚出生时，就被妈妈遗弃了。此后它被主人虐待，最终被遗弃。它最终成了流浪狗，没有人照顾它，也没有东西吃。“我还跟天明时一样没解决食宿问题。我相信，明天定会有新惊喜和新机会。”这就是它的心态。通过这句话，我们能够看出它对现实的态度。

还有一个我印象最深的部分。“还好，即便是在那时，我也目光炯炯，善于观察。我可不光敏于观察，我还敏于行动呢。我细细观察，我暗暗揣摩。眼里看着，心中想着。我觉得自己就是个学而不厌的好学生——什么蚂蚁啦、蜥蜴啦、其他狗啦、人类啦，全都让我痴迷，学习他们的怪癖和行为规范大大培养了我的心智，让我老于世故，冷静沉着，还学会了其他一些与人类和谐共处的诀窍。”它无论自己处于何种状况，也不会放弃思考，而是不断去思考。通过阅读本书，它坚强不屈的精神给了我很大的启发。

还有，本书中出现的每个角色的行为也很值得借鉴。我印象最深的是夫人和仔仔第一次见面的场景。夫人和仔仔之前见过的人不同，她站在和它同样的视线对待它，她的这一行为让仔仔心中产生了安心感。对动物要像对待人一样，我认为这一意识非常重要。

在本书中我最喜欢的部分是仔仔提出的“谄媚七招”。它在这个部分给我们介绍当它把主人惹翻时，怎样缓和对方的怒气。这 7 个方法和书中的插图配得很有趣，非常值得家里有狗的人参考。虽然我没有养过任何宠物，但是以后会有机会，我也会想起仔仔所看到的世界，想从它们的角度来对待它们。

在写这篇报告的过程中，我产生了一个疑问，就是为何译者把题目翻译成《一只狗的生活意见》。原来本书名为 *A Dog's Life*，译者翻译成中文时，加上了“意见”这两个字，日语的翻译文本也是一样。确实是在本书中陈述许多仔仔对我们人的种种生活的意见，但是如果我翻译也许不会加上“意见”。每个读者和译者感受和思考方式都不一样，从而翻译方法自然会不同，我觉得这一点很有趣。对于本书题目的翻译，通过它艰难坎坷的一生，仔仔告诉我们它对生命的看法，因此我认可中文和日文的译者加上“意见”这两个字。

我读完本书之后，我对译法不同的研究更感兴趣了。正如书名的翻译一样，译者写的每个词都有意义，没有多余的。我认为通过这一研究，我们能够理解译者对作品的认识和看法，再次享受阅读的快乐。文学翻译是一种文学作品的“再创作”。通过其他语言阅读作品，我们能够体验不同的感受。

最后，我想谈谈读完本书最大的感受。狗狗和人都一样，每天都为食物拼命地努力，谁都不知道明天会怎样。尤其是在这半年的疫情期间，我们再次感受到了生命有多么可贵。因此，我们不同物种之间，虽然语言不通，难以沟通，但是人绝对不能傲慢，无论是对什么动物，都要以平等的心态去对待。如果总感觉谁也没有自己重要，就很难放弃以自己为中心的想法，也很难去怀疑自己做得不对。谁都会容易自满骄傲，但是有的人有时会嫉妒别人，甚至会骗人得到利益。这样说来，人类可以说是一种很任性的动物。本书好像一面镜子一样，通过阅读本书，我们能够看出人类的这些本能和生活方式。在本书中，作者表现出了充满矛盾而可笑的人类，可是我们不能否定不完全的人类。人类本来不是完美的，作者通过本书想告诉我们，我们应该互相接受这一点，我认为这是本书的出发点和结论。

我好久没给自己阅读的时间，也好久没有完整地读完一本书了。通过此次阅读和撰写感受，我感受到了文学使我们的精神世界变得更加精彩。语言学习要细水长流，以后我会去接触更多的文学作品，滋养自己的精神世界的同时，应用到翻译的学习中。

齐老师点评（2020 年 8 月 27 日）

立秋了。秋天是收获的季节，这不，手塚伸子同学送来了这份珍贵的读书报告——它是庚子秋天第一颗硕果。

《一只狗的生活意见》我不仅读过，而且还写过评论。

无论是用狗、猫或者其他哪种动物的眼光观察这个世界，写出来似乎都可以成书，都会带来意想不到的神奇，关键是作家如何去写。

《我是猫》是日本“国民作家”夏目漱石的名著，写得也非常有趣——写有趣小说的人都要拥有童心和爱心。

这份读书报告最该点赞的是“读后感”部分。你在非常的年份能静心读你的第一部中文书，而且还体会了一次怎样用动物的立场理解世界。

“新型冠状病毒”还肆虐着，眼下我们都在追问——人类啊，我们到底是怎么了？

地球是怎么了？

国与国是怎么了？

人与自然，究竟是怎么了？

我想，仅靠人类自身是拿不出合格答案的，回答这个问题的困难远大于人类自身的智能，也超出上天赋予我们的思维水平。那好吧，就去问问它们的意见——狗的意见、猫的意见、鱼类的意见、植物的意见、天空和大地的意见，甚至，其他星球的意见……

我不禁“借题发挥”起来，我是想说：《一只狗的生活意见》不仅是一本好书，而且是一条能为当下的困惑提供“解决方案”的途径。

PartTwo | 下　篇

“我是大作家”主题写作实践

课程背景介绍

要求同学们尝试与上次作业阅读的名著作者进行角色互换，用中文写一篇“文学作品”；文体形式不限，可以选择小说（小故事）、随笔、散文、诗歌等任意形式。题目由同学们自定，可结合 2020 年特殊时期的生活体验——比如《活着 2020》，也可选择其他。

布置此作业目的：由于许多一流的翻译家同时也是作家，如鲁迅、巴金、波德莱尔等，本次写作实践的目的是让同学们体会进行文学创作的感觉，从文体、语感、修辞上与翻译对象互动对接。因此，作业评判的标准是：能否模仿名著的行文风格写作，或者能否在作品中表现出你个人的个性和文字风格。

太阳尚远，但必有太阳

阿凤（乌兹别克斯坦）

春天的特色只有在冬天才能认清，在火炉背后，才能吟出最好的五月诗篇。

——海涅

宅在家里的你多么期待春天呢！听说春天的特色只有在冬天才能认清……没有那个冬天，我们就不会这样渴望春天。感觉今年的冬天格外的漫长。因为突如其来的新型冠状病毒，导致我们的生活有了很大的变化。不能出门的这些日子里，你是怎么熬过来的呢？

2月2日她接到了大使馆工作人员打过来的电话，这几天以来她一直在考虑要不要回国，今天终于要决定了。那一刻，她才真正地明白，什么是家、什么是爱、什么是爱人。她是生活在中国的外国人。现在中国正在抗击新型冠状病毒疫情，不能外出，不能上学，也不能上班。因为这段特殊的时期，她学会了一个新词——隔离时期。前几天很多国家开始把生活在中国、在中国留学的自己国家的人带回国。她也像每一个中国人一样每天都关注着中央电视台的新闻，关注着疫情情况，也不断考虑要不要回国待一段时间，等疫情过后再回来。因为她是两个孩子的妈妈！担心的不只是自己，还要保证这两个小孩子的身体健康……

就像，要回国有上千个理由一样，不回国也有上万个理由……

很多一线医护人员正在抗击疫情——怕什么？他们用自己的生命安全换来了人民的安全——怕什么？

其实很多在中国生活、在中国留学的人都应该有过类似的顾虑——“要不要回国？”

我常常想，我在北京度过了很多美好的时光，交了很多朋友，学会了独立生活，学会了珍惜亲情、珍惜爱情，重新认识了自己。我认为生活中不管走到哪一个阶段，都要用心品味其中的悲与喜。也许这是让我们遇见更美的自己的机会吧。要不，好好抓紧时间完成那些还没完成的藏在心底的事情吧。这一段时间里有些人学会了烹饪，有些人学会了烘焙，很多父母有机会陪孩子画画、做游戏、做手工……还有些人读完了手里的那本书。还有人因为不能出去，一直待在家里，考虑到家人的健康，也把烟戒了。这意味着时间待人是同等的，但时间在每个人的手里的价值却不同。

你以前总觉得陪家人、在家吃顿饭是件温暖的事情。每天三顿饭都在家里自己做，三顿饭都在家里吃，已经厌倦了吧？我始终都相信事在人为，乐观地去对待人生的大事小事，你将会越来越幸福。相信春天来了，一切不如意都会过去的，一切都会美好如初。

有人曾问：“这世间，什么最美？”

有的人答，是花；有的人答，是女子；有的人答，是风景……

忽然一个沉静的声音传来：是希望。

我发现玉兰满树的花蕾膨胀着，膨胀着，亟亟欲撑破残冬后一层僵硬的外壳。让我们带上春天的心情，等待春暖花开。

齐老师点评（2020 年 3 月 9 日）

读了阿凤同学在非常时期写的这篇感悟，我很受感动，文章自然真切，写出了所有外国留学生的心声。

这次疫情不分国籍，所有人的感觉都是相同的，就是十分突然，伴随着引起的恐惧以及对自己和家人的担忧。对于在中国学习汉语的外国同学来说，这更是另外一种特殊的滋味。

我以前在课上曾说过——学习和掌握一种语言之后，无论你自愿不自愿，你都会和那个国家、那种文化有着一种终生无法减弱或者摆脱的“情结”。有些像是谈过一次大的恋爱，这种感觉不仅是在“对象”一帆风顺时，更可能是在她（他）身处逆境的时候。

这次中国和中国人民抗击疫情的危急时刻，同学们感受的可能就是我说的第二种情境。尽管眼下有些苦涩，但长久来说并不见得是一件不好的事——正如在爱恋的过程中一定要经历的，所谓的“荣辱与共”“感同身受”和“无怨无悔”。

现在疫情在中国已经基本被控制住，不幸的是病毒在世界许多国家开始蔓延。无论同学们身居何处，我都希望大家乐观顽强，我们相互鼓励，共同度过这个虽然难熬，但早晚都会终结的艰难时期。

正如阿凤同学所说：“太阳尚远，但必有太阳！”

诗歌：老智者的最后一课

乌苏曼（马里）

这么多年，我一直在带领你们理解生活，
克服生活的挑战，平平安安地生活。
你们已经长大，各自有各自的挑战，
各自有各自的缺点与优点。
有一点，我希望各位能关注：
虽然这些年我们有了很多进步，
还有很多的事，你们解决不了。
这些事并不算少，
这么多年，我们有不少事失败了，
我们哪里错了，我们哪里失败了呢？
这疑问，听了我这些天在梦里看到的事，会让你理解不少。

我看到自己在梦中骑白马，穿着白衣提醒自己，满白头发，百年的生活，我经历过不少。

我走之前想给你们上最后一课，最后的提醒：

这门课也是我曾梦到最可怕的，对你们来说也是一种挑战。

我走以后，你们会遭遇到来自陌生的攻击，

这种攻击很难控制，很难打败。

我知道你们现在想的是，

我们能力很强，怎么不能打败这攻击呢？

控制攻击的难度不仅在于你们缺乏团结，

更要命的是你们自以为强大，

不需要其他人帮助，最终导致失败。

为了竞争，出于私心，

你们不想看到他人成功，也不想帮助他人，

这会造成双方的失败。

但在面对这悲剧时，会慢慢地发现，你们忽视不少重要的事，

你们会发现自由与身体健康是生活给我们的，最宝贵的礼物。

虽然攻击会影响每个人的生活，

但是不少人会因此有时间多陪老人，多陪自己的孩子，

这是多么美好的事。

我的最后一课到这儿，希望你们明白团结就是力量，

这也是我走之前，送给你们最后的礼物。

生活中有很多事可以被耽误，只有灵魂的离开无法被耽误。

过了几天，我们的亲爱的老智者离开了人间，

过了几年，他的徒弟们慢慢地忘记老智者最后一课的观点，

最强与最优秀徒弟们之间，反而出现激烈的竞争，

竞争越来越强，越来越过分，他们考虑到彼此最脆弱的感受。

他们没想到，共同的敌人很早就发动了进攻。

去世老智者的一个徒弟，优秀又有能力，遭到不少打击，

他也是第一个面对陌生的敌人。

时间长了，他们的敌人越来越强大。

因为自私，其他徒弟没有帮助第一个被攻击的人，

更要命的是，他们还让孩子离开这位徒弟的家。

陌生的敌人，趁机进攻了所有人的家，

可怜的徒弟们，他们忘了毕竟他们是一家人。

可怜的徒弟们，他们忘记了老智者的最后一课。

齐老师点评（2020年4月10日）

这是一首成功的诗，尤其适合在这个时刻。无论是写，还是读，都能给人一种反思。

这首诗并不难理解——老人在去世前给他的徒弟们上了最后一课。不知作者笔下的“老人”是否就是这次新型冠状病毒

疫情中逝去的老人——因为这次老人去世的最多。

徒弟们有共同的敌人，敌人可能就是瘟疫，而只有大家都不自私——用“公心”才能打败敌人。

身体健康，比什么都重要。

大家都是一家人，都属于人类。

散文：听奶奶讲起从前的故事

阿凤（乌兹别克斯坦）

又是一个漫长的暑假。我们国家的夏天……透蓝的天空，挂着火球般的太阳，云彩好像被太阳烧化了，也消失得无影无踪。树也被太阳晒得垂下了头，鸟儿们无力地飞着。一切都显得无精打采的。大地被烤得发烫，人在地上走都觉得烫脚。街上看不到几个人，人们来也匆匆，去也匆匆，谁也不愿意在街上多待一分钟。我走在路上不敢抬头，火辣辣的太阳太猛烈了，太霸道了，谁都不敢去瞪它一眼。暑假对我来说是炎热的，却又是美好的。（齐老师：这段写得很美！有点凡·高绘画的味道。）

每次暑假我习惯性地去看奶奶。虽然她已经年近 90，身体不太好，但记忆和思维能力特别强。每一次和她聊，我会听到很多有趣的故事。我问奶奶谁是她生命里最重要的人的时候，我还以为她会说是我爷爷，或者是她的某一个孩子。但是她的故事出乎我的意料！

她说她生命里最重要的人，是一个她到现在也不认识的陌生士兵。她大概五六岁时，父母双双离世，她被一个陌生士兵送到一个好人的家庭。当士兵找到她时，她特别害怕。她不明白他的话，也不知道他想把她带到哪里去。后来他把她送到了一个温暖人家的门口。从此以后，她就有了一个幸福的家。如果没有那个有点儿吓人的士兵，就没有我们现在的幸福。我想，奶奶的童年虽然从可怜开始，但这也许就是她第一次经历幸福……

生活在奶奶记忆中的另一个故事是苹果。小时候，她家旁边有一棵苹果树，树上只有几个苹果。她发现了一个最大的苹果，她特别想要那个苹果，可是怎么够都够不着。她拿根树枝去扔，没用；捡个石头去扔，也不行。她都记不清坚持了几天，终于有一天她爬到树上摘到了她梦寐以求的苹果。当时她感觉很幸福。她迫不及待地咬了一口，苹果很硬，而且味道也苦。她后来才知道那是冬天才成熟的苹果。奶奶说，人的一生会有太多的失望。这可能是她第一次经历失望……

奶奶还有一个记忆深刻的人是老师。上小学的时候，她的老师是一位特别严厉、爱生气的女老师。当时她最害怕这个人。但奇怪的是，后来她上中学的时候常常想起那个女老师，甚至还有点儿想回到她的班里，老师给她上课的情景也一遍遍地出现在她的脑海中。又过了几年，她听大人们说到这位老师，她想去看老师，又不知道她的家在哪里。就这样没过多久传来了坏消息：那个严厉的、她一直在怀念的老师自杀了！可能是因为太孤独了，因为她没结过婚，没有孩子，没有家人。奶奶说，人这一生会失去很多很多，父母去世的时候还不懂事，而老师的英年早逝是她第一次经历失去……

奶奶的记忆中，还有很多很多故事。我的乐趣就是去看奶奶，听奶奶讲起从前的故事。

齐老师点评

无疑，阿凤同学是个未来的作家——从你笔下描写的夏天，就能看出来是像屠格涅夫一样对旷野的白描，外加荷兰画家凡·高多彩的玄想。

之后，奶奶的三个故事：一个是生命中的恩人，一个是令人失望的苹果，一个是悲剧结局的老师。

这三个故事虽然笔墨不多，但都是不平凡的——第一个，是奶奶和阿凤同学自己生命的源头——假如那个士兵把奶奶送给另外一家人，或者根本不送，可推断，奶奶一生很可能也是悲剧的，而且，可能就没有阿凤同学的到来。

第二个，这个尽管本身不是"故事"——只不过吃错了苹果，但用不理想的事情发生来比喻"失败"，是一个少有的思维方法——我们可试着将其延伸，比如：你等了一个小时公共汽车，车总不来。仔细一看，原来是站错了地方，不是那个车站……

我们的生活最多的时候，是"不成功"组成的链条。

最悲哀的是错误不可控制地连续发生。

第三个故事肯定是个悲剧——老师自杀而死。

自杀本来就不该发生，而在自杀之中最不该发生的，是原因不那么充分的那种。

从一个九旬老奶奶十分漫长、就要到一百年的人生经历中，只选取她讲过的三个故事。不用说，每一个都必须是精华——平均每三十年一个。

所谓生命精华，这是最短的浓缩。

小说：青春

薇蕊（俄罗斯）

2018年6月。北京的夏天，好热。

“我失掉了我生命的目标。”

“这是怎么发生的？你说说吧。你可以相信我。”

这个世界好奇怪。来中国之前，我没想到，和我最亲密的人，和我志同道合的人，那些和我一样看待这个世界的人，会是那些离开自己的国家去中国的人。

“我在北语度过了一年，快要回俄罗斯了。这一年中，我的汉语水平更高了，英语能力更强了。我很喜欢学外语，但是……说到汉语，我还没深深地感受到这种语言，你明白吗？我还没有对它产生很大的兴趣。所以，我在想，可能汉语不适合我？可能我该换专业，再也不学语言了？”

我快要回俄罗斯了，再读一年，就要毕业。我在俄罗斯学了两年，然后一年在中国，但是我还不知道，选择这个专业时，17岁的我是靠什么来决定。外语是我理想的专业吗？我刚入大学时，我是怎么知道这是我想要的？

当然我不会放弃学习外语。从中学开始，我就一直学文学、学外语，所以，如果我会放弃，这么多年的学习岂不是全部丢进了垃圾桶？但是我失掉了我生命的目标，不知道该怎么办。

一开始，我并非主动开始学汉语。我还记得在俄罗斯刚读大学一年级时，老师让我们介绍一下自己学汉语的原因。圣彼得堡的大学有好多语言：英语、西班牙语、意大利语、芬兰语、日语……但是我们选的就是汉语。这是为什么？然后每个同学开始回答，虽然用词和语句不一样，但是意义都是一样的：学习汉语，只是觉得有意思而已。

这是当时我对朋友说的话。我朋友是从巴基斯坦来的留学生，特别好的人。那个夜晚我们听完一个讲座，在回宿舍的路上。他的电动车在空荡荡的街道上安静地行进。北京的夏天太热了。闷热的风吹拂在我的脸上，缠结在我的头发上。那些天的天气变化无常，很快我就感觉到，雨像小蚊子一样滴落在我的脸上、胳膊和腿上。（齐老师：语言很美！）

他回答："你听说过《牧羊少年奇幻之旅》(*The Alchemist*)这本书吗？当我像你一样的时候，不知道该做出什么决定，感到怀疑的时候，我就读这本书。它帮我继续追求我真正的梦想。其实，至于你以前说的，在你脆弱的地方，你不会怀疑，而在你强的地方，你总是没有自信，总是要更加努力，想做得更好，飞得更高。这对所有人都是自然的。因此，你记住：你怀疑的地方，就是你最强的地方。"

那天我在淘宝上预订了 *The Alchemist*。你告诉我，17 岁的青少年怎么会知道他们想要的是什么？他们怎么会理解自己的需求？全部生活都在父母和老师身边度过，自己做选择真不容易。

17 岁青年人的生活最难的问题是恋爱问题："她 / 他是不是对我有兴趣？"其他都是别人安排的。父母决定你吃什么，学校决定你学什么，这些男女生怎么能做出决定，你告诉我吧？

雨越下越大，天倒热了起来。但是我们不管雨滴打在头发上，也不管逆风。我们年轻，我们不怕发烧。像所有青年人一样，应该惧怕的事情我们不惧怕，但是这些并不受我们控制的事情，必将吓坏我们。

黑夜中，两个朋友慢慢地骑行在沉默的城市，我心事满满。我还记得我穿着白色棉布衬衫和浅灰色的裙子。我们俩快要回国了，我们的思想很快会变得更像那些成年人，我们会开始惧怕所有成年人惧怕的事情。年纪越大，越有信心。成就越多，头发越白。不过，青春的气息比任何成就都好呀！

请告诉我，20岁的男女如何找他们生活的目标？但现在，我们还在寂静的夜晚骑着电动车，朝气蓬勃。现在我们还是在一起的，我还穿着白色的衬衫，内心还充满着期望。我们驶入隧道，突然我说：“你还记得那部电影，《恋恋笔记本》中的场面吗？”

我不需要解释，你是我朋友。你已经了解了我的意思，停下了电动车，转过身对我回答：那我们做吧。隧道里没有人也没有车，但是我们知道任何车随时都能出现。我们把电动车停了在路边，自己走到公路中间。然后我们躺在地上。地上是湿的，可以闻到湿地的味道。我们不在乎。

我说：“这很吓人。”我们笑了。

“你听到了吗？车会来吗？”我们跳起来了，一下子从公路中间跑到路边。30秒后，两辆车慢慢开过去。这些车开得太慢，以至于连蜗牛都杀不了。

“还做一次吗？”

然后我们再次躺下，仿佛现在就在那部电影中，像角色做的一样。

“如果汽车来了怎么办？”

“我们死了。”

我的白衬衫变成了灰色。

2020 年。俄罗斯的冬天，冷死了。

从那天起，已经过去两年了。*The Alchemist* 成为我最喜欢的书之一。从那时起，我再也没有见过我的朋友。我们俩都毕业了。他去了阿联酋。我回到了俄罗斯的圣彼得堡。在那天之后的整整一年里，我以为自己找到了梦想：回到中国成为译者。因此我努力学习，最后我现实了那个梦想。那么，下一步是什么？

他向我发短信说，阿联酋的生活并不轻松，他想念朋友和家人。我了解他，尽力支持他。

我们正在通话中。我们沉默了一会儿，此刻，我很想告诉他之前已经说过的话：我失去了我的目标。我不知道该怎么办。

“我想念北京。”他说。

外面正在下雪，雪花像碎片一样，冷死了。我穿着保暖的衣服，我怕发烧。

失去青春活力的人，如何找回他们生活的目标？你告诉我，所有人最害怕的是什么？

请你告诉我吧。

齐老师点评（2020 年 4 月 23 日）

薇蕊同学的这篇作文出奇地好，是“大作家”的手笔。从文体上看既像散文——有散文的优美，又像小说——有完整的故事情节，从语言上看委婉含蓄，干净清纯，节奏上也缓慢从容。

结构完整：有铺垫（因一本书结缘），有高潮（回国前两人的初恋），有收尾（寒冷时节对热情的回忆）。

开头结尾都好，前后呼应——用提问题（什么是青春和生活目标？）起笔，用回答问题结束。

不妨姑且把它当小说来看：两个人物，一个主题——“青春”，两段时间（2018、2020），两个故事发生地（北京、俄罗斯），两个温度（炎热、寒冷），两种情形（亲密接触、因疫情隔离），两个问题（什么是青春、如何寻找生活的目标）。

小说的“梗”（用于串联情节的）是一本书——*The Alchemist*，它反复出现几次，每一次拉动情节跃进一步，最后，在下半部分中，它的再次出现，成了“友情”的符号和象征。

小说的结构是最巧妙的——跨两个年度，有时间感，仿佛球赛的上下半场。最后的结果，也令人满意——在输赢交替之间，既给了“青春”定义，又没完全说清楚青春到底是什么。

我的看法总在不停追问，就是青春，同时别忘——制造更多值得回忆的经历。

最后，值得夸赞的是，薇蕊同学的这篇作品是模仿作家冯唐的风格，是“致青春”的小说。毋庸置疑，你模仿得很像，这样，就和第一次的“读书报告”连成了一体。能模仿别人写作，你真不简单！

随笔：让我变得更坚强的方法

金涛煐（韩国）

已经是 2020 年 4 月了。新型冠状病毒疫情的发展，真是出乎我们当初的意料。没想到疫情会这么漫长，而且发展到这么严重的状况。现在我脑海当中只有一个想法：“赶紧回北京，继续完成我的学业。”上个学期结束的时候，我自己安排的本学期的学习计划都泡汤了。果然，中国人说的都特别对——“计划永远赶不上变化”。

我刚刚特意打开了电脑上的日历，看了一眼，吓了一跳。不知不觉，我回韩国已经三个多月了！现在全世界的媒体每天都提倡，“尽量少出门，尽量不要跟别人接触，尽量不要去人员密集的地方”！我是个严格遵守规则的人，所以我发现自己已经很长时间，基本上没有跟除了家人以外的人有过接触。每天都在家里按时上网课、做作业、休息，就是这样过着日复一日的生活。

前一段时间，为了做齐老师的作业，我人生当中第一次同时阅读了一部文学作品的原著和译本。当时我做作业的时候，写过这样的内容：“一是，通过本次活动，我得到了一个更深入思考中国近现代历史的机会”“二是，通过本次活动，我明白了为什么译者的角色这么重要。”现在我觉得当时应该再加一句：“三是，通过本次活动，我找到了一个新的变得坚强的方法——阅读文学作品。”很多人可能会这么说：“通过阅读文学作品解闷或解压的人，我见过。不过，通过阅读文学作品变得坚强，这到底是什么意思？”我的回答是，就如字面所说的那样，阅读文学作品之后，我能变得更坚强。我这么说可能有点驴唇不对马嘴，我要用亲身经历来说明自己的想法。

3 月末的一天，一个很平凡的周四。我跟平时一样，早上起床之后吃早饭，然后上课。我平时没有课的时候，要么做其他课程的作业，要么在家里做俯卧撑或举哑铃等运动，锻炼身体。但是当天因为睡姿的问题，我脖子不太舒服，所以没办法锻炼身体了。我准备用电脑做作业。我突然想起爸爸的单位要用一些视频编辑软件，他把我的电脑借走了。关键是，当时我连手机都用不了。我平时经常把手机连在电脑上，手机充电线也一起被我爸拿走了。没有电脑和手机的我，应该怎么打发这一天的时间？那难道我一整天什么都不干，就像尸体一样待在家里吗？

我开始开动脑筋，想我现在能做的所有事情。我首先开始看电视，不过我不喜欢一个人在家里看电视，因为我觉得那样特别凄凉、孤独。看了一两个小时之后，我没有继续看。然后，我打算出去逛一下小区的公园。疫情期间可以去的地方也不多，我唯一能去的地方是小区里面的公园。不过因为脖子受伤了，出去还是不太方便。因此，我还是把穿了一半的外套脱了下来。哪里也去不了的我在家里什么都不干，准备睡觉。但是，我闭上眼睛过了半个小时，却怎么也睡不着，最后我还是放弃了这个念头。突然之间，我想起来，我可以阅读书籍呀！在韩国有一家只卖中国书籍的书店，我之前买《活着》的时候，还买了钱锺书的《围城》。我想到了这件事情，虽然我当时懒得翻开书，但实在没办法了，所以我就开始慢慢阅读《围城》。

这不是读书报告，所以我不会详细说明书里面的内容是怎么样，或介绍这本书之类的，只是我想谈一谈书里面“苏文纨”讲的一个名句——“婚姻是一座围城，城外的人想进去，城里的人想出来”给我带来的感悟。我并不想讲我的婚姻观如何，我想讲出为什么它给我留下了这么深的印象。因为这句话就符合我现在的情况，能让我反省我自己！我在前面说过，这个学期开始之前我自己安排好了这个学期的学习计划，其实里面也有“读书计划”。我在本子上写的是，一个月最少阅读一本中文书。上个学期，我很希望自己拥有足够的时间，因为平时很忙，没有足够的时间阅读书籍。但是现在，当我拥有很充足的时间，却一直抱怨，想赶紧回北京，过忙得不可开交的生活。老天现在给我之前那么想要的、能尽兴地阅读书籍的时间，我还嫌弃现在的状态，所以我决定要改变自己的想法。

那天晚上我爸妈回家之后，我基本上没有看手机和电脑，而是一直在阅读《围城》。看完这本书之后，我还是睡不着，于是又阅读了一遍已经读过的《活着》。我想找到另外的启示，也想让自己多反省反省。结果直到第二天早晨，我才睡着。福贵和他的妻子经历那么多的人生变化，还很勇敢地、坚强地克服很多困难，但是我一直被捆绑在“没办法回北京”这一个念头上，抱怨现实，不愿意探索一条新路。从那一瞬间起，我的人生真的慢慢开始变了。

首先，从那天起我有了一个新的观点，就是“把危机看作机遇”的想法。我刚看到疫情出现的新闻时，觉得这是一个从天而降的、无法克服的灾难。但是我现在可以从别的角度看待目前的情况。中国有句俗话，“塞翁失马，焉知非福”，是指坏事在一定条件下可以变为好事，反之亦然。形容人的心态，一定要乐观向上，任何事情都有两面性，不好的一面也有可能向好的一面转化。我在中国留学，平时很忙，跟家人接触的时间也不多，一年顶多陪伴家人几天而已。但是我可以利用现在的时间，多多关心家人、陪伴父母，也可以充分阅读文学作品、报纸以及杂志等。

我还有了一个新的人生观，就是“任何人的人生都是无法预测的，所以要变得更坚强”。《活着》里面福贵也经历了时代和社会的变化，遇到了五花八门的事情，但是福贵从来没有放弃，强忍着活下来了。我将来的人生也有可能不会像自己想象的那么顺利，也会感到绝望，有时候自己可能不愿意勇敢接受，但是我们一定要活着，活是硬道理，就像儿子、女儿、妻子等所有家人都离开自己之后，福贵还是挺过来了。这个世界，我相信会禁得起现在的挫折。

最后，我拥有了每天睡觉之前花半个小时以上的时间阅读书籍的习惯。这是我从小到现在一直想要养成的习惯，但是我挑战了最少有一百次以上，每次都失败了。然而我经历了现在新型冠状病毒疫情之后，居然养成了这么一个习惯，现在已经到了睡觉之前不看书睡不着的地步。现在，我还有了一个小小的计划。我已经去刚刚讲的那家书店买了很多中文书籍，疫情结束之前我打算全都读完！

前几天我跟一个中国朋友打电话的时候，我给他讲了亲身经历的事情，而且跟他说了我要把这个故事写成短短的随笔。这是我当时说的一些话：“中华文化博大精深，具有悠久的历史和传统文化，有着无数优秀的文学作品，我们从那里能得到很多人生道理，你为什么不愿意尝试呢？而且你可以变得更坚强，不需要任何装备，只要一本书和平静的心态就可以了！”（齐老师：好！）

齐老师点评（2020 年 4 月 27 日）

这是一篇让任何人阅读都会被感动的文章，因为你写的也是全世界每个人此时此刻的心态。这次灾难是在人类历史上从未有过的，在这种意想不到的艰难时刻，你想的，也是别人想的，所谓“环球同此凉热”。

正所谓“塞翁失马，焉知祸福”——对于把文字、文学当毕生事业的人——假如你真有这个志向的话，那么，从事翻译和写作——我看出这两方面你都有潜力，那么“寂寞”和“心静”将是常态的生活方式，而这次疫情，歪打正着，给了你一次深度体验的机会。

读书、译书是一种职业需求——从谋生方面看，但假如读书成为一种享受，那么，你将是最快乐的人，因为世界上只有少数人，能把乐趣当作生计。

想再次说，小金，你这篇随笔，真的很优秀！

散文：我相信奇迹（摘录）

赵佳一（埃及）

在做出决定之前，请问自己：“你相信奇迹吗？”

到目前为止，我还没有遇到任何人会问自己这个问题。这个问题困扰了我很久，但是作为一个25岁的女孩子，我怎么能回答这个问题：你相信奇迹吗？在我看来，我们必须首先了解奇迹有两种含义。第一种是奇迹是不寻常的事件，并且是一个独特的事件，这违背了我们的逻辑并使我们感到敬畏和惊奇。奇迹的另一个含义是，你坚信我们不需要魔法般的力量来达到我们所想要的目标。我们已经拥有需要这样做的力量，我们拥有比魔法更强的力量。这样，奇迹就从相信自己开始。

最重要的是，你是否相信存在能治愈新型冠状病毒、癌症和其他致命疾病的人？这种治愈也许是奇迹的结果，也许是你坚信自己会治愈的结果。

为什么我们该相信自己？因为在这世上，每个人都是独一无二的，所以你本身就是奇迹。

我认为对奇迹的信仰是采取行动取得成功的动力，因为信仰比希望更强大。希望是对内心希望发生的事情的愿望，而信仰是对即将发生的事情的信念，两者差异很大。但是，如果我们对奇迹正在发生感到乐观，那么我们会努力。相信成功的信念使之成真。现在，全世界都将中国描述为一个奇迹——它是如何面对新型冠状病毒疫情的。

因此，奇迹这个词不是不可能的，而是我们真正想要达到目标的现实表现。而这个奇迹的背后是认真的集体工作，没有懒惰和虚伪。一种信念，就是没有什么能打败我们的决心，眼睛看不见的病毒威胁不了我们，而对此的恐惧是一种幻想。我们必须相信我们可以抗击疫情。

不要屈服于绝望，但是要完全摆脱疾病是不可能的，死亡是不可避免的。我要说的是你要明白什么是奇迹，奇迹不仅围绕着我们，而且存在于你的心里。相信奇迹才能创造奇迹！所以，奇迹需要你深入内心去发现；奇迹，需要你去创造；奇迹，首先需要你去相信。

我相信奇迹，我相信自己注定要伟大。我相信自己能得到一切，我相信今年将是我一生中最伟大的一年，我相信2020年将是神奇的一年。

齐老师点评（2020年4月28日）

好家伙，佳一同学的这篇散文把我吓呆了——首先，我简直不相信这是一位外国人写的——一般中国人都写不出来这么壮美的文章，用词、用语不用说没有任何瑕疵，就连风格风范，也像是出于中国20世纪优秀文人的笔下；其次，我不太相信这是一个女学生写的，它像是出自贝多芬、歌德、雨果、郭沫若的笔下，铿锵有力、气势恢宏。

但文章里的种种信息符号——你留下的，的确证明这是你写的，是一篇专门为2020年这个史上罕见的艰难时刻留下的一篇“大泼墨”似的、风姿独具的“时代散文”。

你说的“奇迹”或许有，也或许没有——但这篇文章，证明有，因为能写出这种独一无二的文章——蘸着“新型冠状病毒”的苦水，本身就是你所说的“奇迹”——别人做不出来，而只有你能够做的。

你说中国抗击疫情取得的阶段性成果，是个“奇迹”，我要感谢你的美言，同时，我们都在期盼——让这个奇迹尽快降临到全世界。

散文：稀奇古怪之 2020 年

大勇（法国）

我记得 2020 年的头几天，气氛欢快喜庆。

朋友之间，我们庆祝上学期的结束，我们一起跳舞，一起喝酒，一起欢笑，一起享受时光。我还记得宿舍 17 号楼里的烹饪之夜，在做了一些让我们想起法国的菜之后，我们看了一部电影。在那之后我们睡着了，吃饱后睡得特别平静。

我也记得好朋友韦夏理让我们享受他从家里带来的茶，普洱、石茶、白茶等，这些精致的味道记录着我们生活中的独特时刻。与此同时，我们还享受着古筝的悦耳声音。我记得所有这些快乐的时刻，就像昨天一样。当我们不得不分开的时候，还考虑了很多在 2 月底会一起实现的事情。当时，我们一点不担心病毒会阻止我们实施这些计划。虽然有些人已经在谈论这种流行病，但我们没想到它会如此大规模地发展。当我回想起那一刻，我想我们太天真了，以为这种流行病不会再蔓延到世界各地。生活是一段旅程，但它的路线会不断变化，有时出乎意料。

1 月 11 日，我满怀热情地前往哈萨克斯坦，这个国家从我很小的时候起，就激起了我的好奇心。我的舍友知道这一点，所以他邀请我陪他回家。在那里，他把我介绍给他的家人，并让我欣赏他的国家的历史和文化。我踏上了伟大的征服者——哈萨克人的土地。在俯瞰我的舍友的家乡阿拉木图的群山上，我惊奇地欣赏着广阔的平原一直延伸到看不见的地方。我低头看阿拉木图，从我站的山顶上看，那个大城市似乎很小，像一个微型的村庄。正是在这种情况下，我想到了一个令我不安的想法，人类在浩瀚的大自然面前是如此渺小，一场风暴、一场雪崩、一场地震足以摧毁这个我们生活的小世界。

然而，我没有想到这个无形的祸害会在几周后危害很多人的身体。这一年将向我证实人类在自然的伟大力量下的脆弱性。这个事实使我迷惘和恐惧，它决定着我们在地球上的存在，这种远见也使我以相对的以及谦虚的方式看待世界。在山顶上度过了充分反省人类在世界中地位的一个小时后，我终于下山，前往城市，回到这个一切都有真实大小的世界。幸运的是，本地人的温暖和街道上的热烈气氛，使我忘记了自己在山顶上曾有过的令人不放心的想法。我的旅行也以一顿幸福的家庭晚餐而告终，在哈萨克斯坦度过的最后一晚充满了欢笑，美味佳肴、轻微的醉酒和迷人的东方音乐。

事后看来，我认为我很幸运，这次旅行是在良好的条件下进行的。离开阿拉木图时，我很快从我的哈萨克梦中走了出来。在回北京的飞机上，我和坐在我旁边的中国人建立了友谊，他向我简要介绍了疫情的发展情况，我从未想过要注意中国的疫情发展。因此，当得知包括北京在内的中国某些地方已经受到病毒的严重影响时，我感到震惊。飞机降落后，这位守护天使甚至给了我一个全新的口罩，对我说：“外出时戴上这个口罩，首先要照顾好自己。”尽管我非常感谢他，但我对最后这些话感到有些焦虑。当我下飞机时，我开始问自己各种各样与这种病毒有关的问题：这种病毒真的那么危险吗？戴口罩真的可以保护自己吗？大学会不会让我进入宿舍？当然，在我返回北京的第一天，所有这些问题都得到了迅速解答。

我回到北京的当天就是农历新年那天。我期待看到的街头热闹气氛减少，因为北京的绝大多数居民已经回到家乡与家人一起庆祝农历新年。不过，我没想到能看到这么空虚的北京，街道上空无一人。我的兄弟和朋友直接从俄罗斯来北京，体验新年的喜庆气氛，但在刚刚开始的时候，北京的大街小巷已经一片冷清。我们很快明白，今年的春节不会像以往一样的喜庆热闹。那时，我心里感到深深的怀念，那个月之前我本以为会趁此机会和我的孪生兄弟一起庆祝中国新年，就像我们高中时一样。我们想再次看到那些烟花像以往一样照亮整个城市，一起在厨房里包饺子，一起走在胡同里感受聚会的气氛。不过今年没有办法进行这些特别期待的春节活动。我的双胞胎兄弟安慰我说，至少我们很幸运经历过一个北京可能不会再发生的场面。尽管这种说法使我更积极乐观，但我们不能再一次经历以往那些难忘的、神奇而快乐的时刻，对此我感到有些难过。

今年春节，原本打算五天的庆祝活动最终变成了酒店三天的半封闭。我能理解并感受到，我兄弟的朋友们有不安的感觉。虽然他们从未体验过以往春节的愉快，但他们仍然觉得被剥夺了一项盛大的传统活动。幸运的是，与我们住在一起的游客带来的欢乐，很快改变了我们的失望。白天，我们花时间在附近逛逛，寻找还没停业的、最典型的中餐馆。晚上，我们共享晚餐，打牌游戏，讲对方国家的故事，这些活动使我们的青年旅馆生活更富娱乐性。客厅里一个“小地球”已经形成，随着每个人讲的故事，我发现自己在澳大利亚中部的沙漠中，巴西南部城市的喧嚣中，荷兰的乡村或埃及风景如画的村庄中。后来我意识到，在好伙伴的陪伴下，怀旧感很快就消失了。

1月27日，我们收到了来自法国的父母的电话，他们非常关心我们。他们在电视上看到了有关疫情状况的令人不安的报道。他们的担忧是如此强烈，以至于他们催促我们提前返回法国。那时我觉得情况有点矛盾，我兄弟和我所在青年旅社，气氛相当的友好和愉快，我们对外面的情况不太担心。与此同时，父母几乎为我们感到恐慌。虽然我们向他们保证，我们在旅馆里，戴着口罩，但他们仍然非常担心。事后看来，我更能理解他们那种无法放松下来的心情。

今天我在法国，远离我的兄弟，他回到新西伯利亚继续他的学业。自从我得知病毒开始在他所在的国家传播以来，我情不自禁地对他的健康深感担忧。然而，我内心的一个声音总是让我安心，就好像我兄弟的一个看不见的部分试图让我平静下来一样。我不知道自己是否应该相信双胞胎之间的心理联系，但我对他健康的直觉从来没有错。在这个全球共同经历的艰难时刻，我们更清楚地认识到家庭关系是多么重要。这些联系让我们更强大，让我们更安心，给我们带来一些安慰之光。

齐老师点评（2020年4月28日）

大勇同学的这篇随笔气势恢宏、有情有义——真让我想到了“我是大作家”的主题。

从地域上看，文章跨过了几个国度——中国北京、哈萨克斯坦阿拉木图、法国巴黎、俄罗斯新西伯利亚。

从人物上看，有舍友之间的莫逆，有双胞胎兄弟间的感应。

从情景上看，有年初的繁华喧闹，有春节期间的万家闭门，有转眼间亲朋各奔东西的不舍，有天灾来临之后的不安焦躁——这些，我们每个人都在经历着，而大勇，把这些感觉在文章中用大手笔一一记述。

文章开头的几个“记得、还记得、也记得”把时间推到了2020年几乎正常的1月（我记得大勇上学期参加北语汉语口语比赛，好像还得了三等奖），之后，你把镜头拉到了阿拉木图的山顶（我2017年也到过那里，山顶上有一个标志性的雕塑“大苹果”），面对群山脚下的人间城郭，你“心潮澎湃、壮怀激烈”地发出对大千世界和人类命运的感叹——是的，在制高点，当我们能够把周边的一切、把我们居住的城市像微缩景观一样俯瞰的时候，我们是在用“上天之眼”“小看”肉眼所能看到的一切。而我想，假若你也能用那种“藐视”的眼光，观察那些本来就用肉眼看不到的、正在骚扰人类的新型冠状病毒，它们，不就更微乎其微了吗？

愿全人类马上翻过“COVID-19”这一篇，愿美好时光马上回归。

小说：伟松先生的故事

黄伟松（柬埔寨）

原文略

齐老师点评（2020 年 4 月 30 日）

记得昨天伟松同学申请迟交作业，说自己从来没写过小说，需要时间，还说故事好编，但编得有意义不容易。

读着伟松同学的大作，我吓了一跳——好家伙，我让你发挥想象力，这一下，还真的把你的想象力激发了——你连原子弹都编进故事里面了，而且，你一挨——就是两颗！

用第三人称——你把自己“伪装成了”一个生活在 1945 年的日本青年——伟松博士。伟松博士是个好青年，是个谁都喜欢的“千人迷”，但有一天，天上来了投弹的飞机，你被炸伤昏迷了，之后，你被送到长崎——看到这里，我纳闷为什么是长崎，原来，长崎是另外一个受核弹攻击的城市，于是，你第二次被炸伤——假如这是真的，那么，“伟松”就是世界上唯一被两颗核弹炸伤的人。

这个时候，你跳出文字了，你问读者——假如你是作家，你会让他死吗？——这个技巧很好，是在和读者呼应。然后，你又回到故事里，继续编排，让“伟松”继续活着、让“伟松”成为一个身心两方面经受过核弹创伤的受害者、预警者，一有风吹草动，他就呼喊——“我们快跑吧！”

这个结尾方式不错，算是画龙点睛，把小说的意义讲出来了——人类不要再重蹈战争悲剧，因为经历过的人会说：“你离我们远点、再远点！”

祝贺伟松同学，你终于会编故事了，而且，第一个小说就这么神奇——从文字的微妙到行文的流畅，从设想的大胆到寓意深刻的构想，这篇《伟松先生的故事》无疑是一篇超水平的小说，尽管它是Fiction——虚构，但虚构中有实际的善良寓意。总之，它非常成功！

建议伟松试着把它投到柬埔寨的华文刊物上面。

另外，我本人1985年在日本学习的时候曾去过广岛和长崎，也参观过“核爆纪念馆”。那两个城市都很优美，人们也很善良。

祈愿“伟松先生的故事”永远不会再有。

小说：面试

瑞吉娜（俄罗斯）

莫斯科是一个机遇之城。一个将过去和现在结合在一起的城市，一个保存历史和创造历史的城市，一个我出生和长大的城市。这个城市是所有来到这里的人的梦想，但对我来说，这是我的家。

现在是莫斯科的夏天，炎热已经持续一个星期了。典型的8月气候。简直太炎热了，沥青好像已经开始熔化。穿着办公制服，我整个身材看起来非常笨拙。

让你们更好地了解我吧。

我刚拿到学位，希望参加我人生的第一次真正面试。当然，我已经有过工作经验了。我今年22岁，身材微胖，栗色的头发使我显得叛逆。我是一个优秀的学生，是一个完美主义者，但同时我也性格复杂并时常自卑。不，我总是在征求别人的认可，所做的一切，我都希望是无比正确的。

大学毕业生的颁奖仪式结束后，在回家的路上，我回应了一则寻找秘书助理的招聘广告，立即获得了可前去面试的邀请。我把号码保存在电话簿中并查阅到那家公司的网站、核实了面试的地址，那时候，我已经开始梦想着实现我的工作理想。

这是一个年轻的组织，它只存在一年，有它自己的特殊性。它的任务是为经济衰退地区的发展寻求投资。

现在是 8 月，在莫斯科的酷暑中我正试图去采集我的梦想。

在这关键的日子里我起得很早，特意做了头发造型，穿着黑色裙子、白色衬衫和一双新高跟鞋，就这样前去面试现场。

晴朗的天空使我心情很好，我听着最喜欢的音乐，喝着最喜欢的咖啡从地铁站出来，我打开谷歌地图，然后前往面试公司。

这个地区太神奇了。它像是座老城堡，旁边是历史悠久的红砖建筑、高楼大厦、办公室和购物中心。必须说在莫斯科每个人都小跑着走向什么地方，我也小跑着去面试，虽然我有足够的时间。

从地铁站到办公室的路上有一座红砖教堂、两家星巴克、一家购物中心和一个公园。对这些地方我总是十分注意，因为如果有星巴克的话你总是可以在工作前买一杯最喜欢的咖啡。

这家公司在一栋全新的大楼里，有点像一栋私人住宅。这座建筑与邻近的历史建筑大相径庭，俄罗斯国旗骄傲地在入口处飘扬。

我深深地呼气，走了进去。

一名穿制服的安保要求看护照和身份证。通过安检后，我被要求待在楼下等人来。我给主管发了一条信息，说我已经经过保安室，在一楼等她。

10分钟后还没人下来。过了20分钟，我开始紧张，我的心开始跳动，就像我刚刚跑过马拉松一样。又过了5分钟，有个电话打来，一个愉快的女性声音问：

“你好，你在哪里？”

“我在一楼的保安室。”

“我也是，但这里没有人。”

“我也没看见您，我是来应聘的。”我不安地说。

“哈哈，我们搬到了另一个地址，你有车吗？现在我给你一个地址吧。”她挂断了电话。

那一刻，我的梦幻世界一瞬间崩溃了，阳光明媚的日子让位于灰色的阴霾。我立即跑到外面，冲向地铁。

坐在地铁里，我思考刚才发生了什么事。显然，我没处理好最基本的问题，这是一个失败。我的雇主现在会怎么看我？我不负责任？我漫不经心？我太盲目自信了，我难道连正确地址都搞不懂吗？或者，我对这份工作不感兴趣？

我使劲地跑，对周边任何事情都视而不见。当下车时我收到一条信息，告诉我如何步行到我未来可能工作的大楼。

当兴奋的我跑进大楼时，在那里等待我的是一个年轻的女孩，她介绍了自己的名字，叫萨利玛，这不是典型的俄国人名字。

她看上去二十五六岁，苗条，矮小，穿着花裙和高跟鞋。她带我去办公室。在进门之前，我试图让自己得体，拉直衬衫，还不得不把马尾辫上乱染的头发捋顺。

面试官是一位迷人的金发女郎，她眼睛是蓝色的，穿着一件黑色宽松的连衣裙。她邀请我坐下，面试开始了。她从头到脚看着我，问我在以前工作的那家公司做过什么。

我列举了我的技能和知识，我是按照简历中写的那样说的。我说自己真的很喜欢这份工作，并试图向她证明我很好、我是正确的候选人。

在我长时间独白我是必要和不可替代的、你找不到像我这样的专业人士的时候，她再次看着我，郑重地说："好吧，让我们去接待室吧，你坐在那里等待老板。"

老板，这个老板是谁？

我被带到一个大房间里，里面有一张咖啡桌和一张办公桌，令我吃惊的是，这里没有电脑，甚至没有电话。

萨利玛建议我喝杯咖啡。我说好的。

一个手里拿着报纸的年轻人跑进办公室，回头对谁大喊着："滚出去！出去！"

我很惊讶，因为这个所谓的"老板"实在太年轻了。

我喝完咖啡，见一群男人跑进办公室，每个人都穿着可笑的蓝色西装，由于某种原因，他们都大惊小怪的。而那个年轻的"老板"用一种谴责的神情看着我。我坐在沙发上，对所发生的事情疑惑不解。

过了一会儿，一个经理模样的人邀请我到他的办公室。我走进那间屋子，他在一张巨大橡木桌的另外一头。他是一个有胡子的胖成年人，穿着一件没扣好的衬衫，懒洋洋地半躺在椅子上，打量着我，说："嗯，如果大家都认为你适合的话，我也不介意。"

在回家的路上，我简直不敢相信我被录用了。我还不知道我会有什么样的职位，我会做什么样的工作。我只知道一件事——我当然不会当秘书。但这是什么？是面试吗？他们就是这样定的吗？我真的想要这份工作吗？

当时我并没有回答所有这些问题，现在我也不能给它们正确的答案，但我意识到面试是一个姿态，是帷幕的拉开和戏剧的开始。

这将是一个为期两年的演出。

P.S. 老师，请不要严格评判，这是我的第一个故事，尤其是用外语写的。我知道文本有很多错误，还有文体和构思的问题。我很乐意收到您的评论。谢谢您浪费您的时间读我的创作。

齐老师点评（2020 年 5 月 1 日）

首先，恭贺瑞吉娜同学的“处女作”成功！

即便有很明显的母语痕迹——这说明了它的真实，你给我们勾勒了一个完整的——“面试”故事。

过程十分清晰，你用第一人称——我猜你真的面试过——从头写到了尾，从大的背景——莫斯科，到夏天的炎热，到面试应该包括的所有环节——这些我本人经历过很多次，然后，再有一个小波折——你把地点搞错了，但之后又回到了正轨，你面试了，最后，竟然轻松成功。

你最后一句话写得好——“我真的想要这份工作吗？当时我并没有回答所有这些问题，现在我也不能给出正确的答案。但我意识到面试是一个姿态，是帷幕拉开和戏剧的开始——这是一份为期两年的演出。”

是的，面试成功并被录取的时候，就是一段新的、难以预测长短的“生命戏剧”的开始，同学们学业完成之后，你们就会登上职场的舞台。

从小说的写法上，能看到很强的俄罗斯文学基因——你的文笔仿佛是契诃夫，能把小人物精准轻松描写。而且，你对人物的心理、人物的穿着和姿态观察得很仔细，你善于用文字构建氛围，能用细碎轻盈的文字把所见到的一切记录烘托出来，使人若身临其境。

我相信，假如你能把这篇《面试》用俄语再写一遍的话，拿给朋友们读，或者投稿，别人会对你的写作才能表达惊叹。

作为一个以“翻译”作为志向的研究生，通常大家会对你们翻译的文本和作者有种仰视的崇拜——会误以为只有他们才能创作，但是，当你自己也开始进行小说写作实验的时候，拿自己的作品和他们的比较，就会发出——那个我也能写！——的平视者的声音。那么好了，你一边写一边翻译，你既是作家又是翻译家，随着你写作水平一再上升，你的眼光会变得挑剔，你只选择比你更能写的、你心目中更优秀的作品——这样下来，你翻译对象的格调会逐步上升。

因此，创作是必需的。

现代中国文学史上有那么多既是翻译家又是作家的人——最典型的是鲁迅和巴金，他们写作量和翻译量几乎均等。

还有，翻译家作品风格往往会受他们翻译原著的影响，会打上别人的烙印，不过互相借鉴学习，不也挺好么？

小说：我不再聆听雨落下的声音

诗正言（法国）

嘀嗒，嘀嗒……钟表在黑夜中走动。嘀嗒，嘀嗒……我又失眠了。

我在这冰冷的床上翻来覆去。我是在寻找睡意，还是在探寻一点点人性的温暖？嘀嗒，嘀嗒……我受不了了！我保持了清醒，但在我摄入了一把药物后，还能保持清醒吗？瓷砖地板透出的冰冷灼烧着我发麻的双脚。春天真的还没来。

我走向浴室，将自己浸泡在安眠药里。衣橱机械般地打开，晚间日常照常进行。我那可怜的母亲，终于进入了永恒之眠，她看我的眼神里肯定充满着沮丧。我心中的神得不到片刻安宁，心房透着刺骨的寒意。我愿坠落，与静默相拥而沉沉睡去……显然，众神不这么想，宁愿今晚再折磨我一次。而我狂妄地摄入了过量的镇定剂类药物。

我之所以说“过量的”，是因为我是一名医生，每天都在拯救生命的医生。谁规定希波克拉底誓言也应适用于医生本身呢？我看起来很可悲吗？无论如何，我的家人一直认为我是个失败者。然而，我的父亲，一个传统的中医，对我寄予厚望，给我起了个绰号“小佗”，以纪念汉代某位伟大的医生，还是为了纪念佛陀……

真奇怪，我忘了！不管怎么说，服下这一剂药，我会直接进入五蕴皆空的境界。因此，我下定决心回到床上，在这个看起来更像裹尸布的被子里寻找一丝暖意。眼皮一沉，疲于战斗的我提前败下阵来。平静笼罩着我，梦境出现在我的面前，我终于要在这个夜晚起航了。我机械地检查我的口袋，看看我是否有一枚小硬币……这是一个非常奇怪的梦中行为，足以灌溉干巴巴的弗洛伊德学派心理书籍。

嗡嗡、嗡嗡……拜托，再给我五分钟吧。嗡嗡、嗡嗡……我的眼睛睁开了，正如灯光将黑夜撕碎。手机振动了，我该起床了。我机械地将头转向我的闹钟。睡了一个小时，我从无眠的黑夜里抢来了一小时。我的肚子很痛，排斥着体内的异物。多年从医经验告诉我答案，最好的解药便是一杯热咖啡，两根香蕉，一杯橙汁，50毫克的可卡因……完美！

听到雨点在敲打窗户，医院距离我家400米。我抓起我的雨伞，它是我在多雨的湖北的挚友。唉，这就奇怪了！这雨就已经停了吗？还是说，这场雨不过是我的幻觉？

蓝天上繁星点点，月亮圆圆的，落落大方。

嫦娥仙女啊，你是在玩弄我的感官吗？还是你的呜咽声在我干涸的心头产生了共鸣？在黄河的波浪里，你的倒影摇曳出一声声叹息，无奈的叹息，直到太阳的光芒将它抹去。

“老熊医生，您好！”这是我一进医院门听到的第一句话。这一定是接待处的女孩一如往日在跟我打招呼。我之所以说“一定”，是因为我懒得回答，也懒得看接待员的脸色。我想，她的脸上一定带着灿烂的笑容，那是对我这个夜猫子没用的光芒。她干吗叫我老熊？我也不想脸上挂着两个大大的黑眼圈啊！

好吧，3点33分，工作开始了。第一个病人住在6层66号房，44岁的男人，名字是……不重要！他也是最近在武汉肆虐的新瘟疫的患者。近几周，医院人满为患。春节期间，这种病毒性感冒在人群中快速传播。

年年如此，医疗人员人手紧张，而老百姓都在紧锣密鼓地猜测春节联欢晚会的电视内容。哪个明星会比去年看起来更老呢？今年我们还能听到多元中国的颂歌吗？

尽管我是一个爱国者，但我们的世界截然不同。我的现实与浮华耀眼毫不沾边，而是由潜伏的病毒和悄无声息的死亡组成的。

与病人保持近乎厌世感的距离，这无疑是我作为一名医生成功的秘诀。66号房的这位病人，他活不长了。无论是撕心裂肺的哀号，还是祈祷康复而散落满地的红包，都无法改变一个不可避免的事实：66将成为他不可摆脱的阴霾。

下一份病历。

我正忙着履行自己的利他主义的责任，一位同事叫住了我，我突然不记得他叫什么了，他说道：“老熊你看看现在几点了！快去睡觉吧！”我机械般地将脑袋转向时钟，视线变得很模糊，似乎模糊了好一段时间了。显而易见我需要睡觉了！

我穿上外套。今天雨声隆隆，医院里开着的雨伞从来没有让谁死去！同事惊讶地咧嘴笑了笑，事后我才明白。外面晴空万里，艳阳高照。

我快疯了。

我从未感觉从医院到家的这400米如此的漫长。这是一条真正的十字架之路，一条永恒之路。我家门口没有印着“温馨之家”的地毯，没有摇着尾巴迎接我的狗，没有秀发如丝的女友，没有精心烹饪的爱的晚餐。

我什么也没有，我却什么都有！我视宁静为妻，视孤独为友，视苯二氮卓类药物为情人。夫复何求？也许是睡眠吧。我有很多年的觉需要补，每晚的无眠对我来说都如一场败仗，战鼓还未敲响便折返。那就让我的人性冷淡来温暖这个看起来更像裹尸布的被子。

也许今晚我终于可以睡个好觉了。

在惬意的沐浴里洗去他人的悲伤，我对着雾气缭绕的镜子投去长长的一瞥，试图认出我变成什么样了。我今年33岁了，应该是吧？今年是哪一年？

我又忘记了。岁月轮回，残酷往复。

去睡觉吧，或者至少试着去睡觉。我又听见雨在敲打窗户，最近我总是出现这样的幻听，但这雨声竟让我平静。亲爱的雨师，你能让这种平静伴随着我，让我真正拥有一晚睡眠吗？眼皮像面纱一样落下，休息的时候终于来了。

又是破晓之时了，还是夜幕降临了，不重要。今天对我来说是个好日子，因为，是的，我终于睡了一觉。

睡了多久？这有什么重要呢？

我的生物钟告诉我已经睡饱了，精力充沛，可以迎接新的一天了！镇静药，安眠药，我保证，我都不用了。一款好的凉茶，可以让心情更舒畅。我应该在文件夹里查一下，母亲在雨夜睡觉前喝过哪些茶。

我不知道我是不是迟到了，反正不管什么时候，人们都需要医生。我吃了两根香蕉，穿上我的大衣……再带上我的雨伞，谁也无法保证天是否下雨。我在接待处热情地对医疗队表示欢迎。那些医务人员试图挤出一个微笑，看起来却像个鬼脸。自从这种病毒在武汉以惊人的速度传播后，他们就一直这样。

是谁想着打开了潘多拉的盒子？不管了，昨天我睡着了。

没有谁能夺走这份快乐，同事苦涩的脸庞，我心中的暴雨，或是那个盯着我已经看了几分钟的小男孩。之前我没见过他，但他那铁青的脸色告诉我，他马上就要和死神打牌了。我正准备去吃午饭的时候，这个小男孩突然打破了沉默，对我说：“你玩够了没？”我不知道该对他说什么，于是转身向医院食堂走去。

跨过入口处的门槛，我惊奇地发现，地板被水淹没了！我跑到一个维修工人那里去投诉，问他这是什么情况。他说医院的条件就是这样，漏雨再常见不过。恼怒于这个人如此随意，我决定回家。

我把伞放在门口，今天天气晴朗。

在医院的门口，我又遇到了那个小男孩，他已面如死色。他用狡黠的目光看着我，嘴边透着一丝笑意，说着：“所有美好的事物都有尽头，当雨最后一次落下，你应该听它落下的声音。”他最好是去跟魔鬼说这些谜语吧！

我加快回家的步伐。谁知道呢，我或许可以小睡一会儿。

真奇怪，好像我白走了这么久，我从没觉得400米的路如此漫长。忽然蓝天中乌云密布，要下雨了，我没有拿我的伞。几分钟后，天变得黑沉沉，暴雨骤降。

这400米的路，没有尽头。

我会不会迷路？我迷路了吗？

我的眼睛睁得大大的，却挣扎着探寻不到任何光。

一切都在变暗，直到陷入彻底的黑暗。

我醒了，我觉得我醒了，我身处一个密闭的、黑暗的、干燥的空间。橡木和土地的气味充斥着我的鼻腔。我觉得好沉，又觉得好轻。在我的心底应该流淌着恐惧才是，但其实什么都没有。

这清晰的宁静告诉我，确实，我玩够了，所有美好的事情都有尽头。我听见雨落在木头上的声音，听见雨水撕开手绢的声音，这就是安息吗？

不管了，我真的需要睡觉了，再也没有人能够打扰我了。

这一段回忆画上了句点。

我不再聆听雨落下的声音。

齐老师点评（2020年5月5日）

我不知道小言同学是不是第一次写这种“小说”——如果是的，那么祝贺你，你这篇小说，在我来看，已经能进入“本年度最好小说”的行列，不用说是出自一个法国人的手笔，就连我这个号称“业余作家”的人，看了这篇小说，才知道自己真的很业余——和你的水平比较。

无疑，酷爱读书的你天生是一个文人和作家——如果翻译和写作可以并行，我肯定，你翻译人的大部分作者的才能，都还不如你。

你可以成为“法国傅雷”，成为中法文化的顶级传播者和创作者。

先要向读这篇“评语”的人解释一下小言同学的背景：他是个法国人，是个中国女婿，从2020年初疫情大暴发，小言就一直生活在“震中”武汉，是曾经与那个英雄城市“共存亡”的人。

因此，你构思出了一个了不起的武汉医生，你在班级群中说：“听到武汉解封的信息之后，武汉人大喜过望。但是武汉的解封却令我悲喜交集。英雄的业绩是不可磨灭的。”李文亮的事迹我将铭记在心。

那么，这位“老熊医生”，就是想象中的因抢救“新型冠状病毒”病人最终献出自己33岁生命的一位医生，是他从救治病人直到最后去世前一分钟的过程。

雨滴稀稀拉拉，正是武汉冬末的氛围，与死神作战，是“封城”时期的艰巨。

用出色的想象力和精巧的文笔，你构思出来一个“生死时刻”。

你的“体验”很“设身处地”，那种“体验”是包括李文亮医生和全世界所有为救治病人献身的医务工作者的“生命绝笔”。

对他们，我们除了缅怀和赞美，还能做什么呢？

就是用笔刻画。

或许在另外那个世界，他们能听到你用像雨滴下落般的“文字雨”——所献上的哀思。

诗歌：变色龙的智慧

乌苏曼（马里）

朋友，朋友，去哪儿？

我去上变色龙师父的课。

变色龙是谁，他讲什么课呢？

朋友，变色龙师父，是有智慧的师父，

不是他讲的课有道理，而是他的动作有道理，他的行为有道理。

变色龙走的时候，不回头，

我们问，为什么呢？

他说，不要放弃我们的目标，我们总是要往前走，

努力不一定成功，但是放弃一定会失败。

变色龙走时总是向上看，向下看，我们问为什么呢？

他说我们跟其他的人学习，知识很重要。

变色龙师父到什么地方，就会把皮肤颜色变成这个地方的。

我们问，他为什么这样做呢？

他说为了和睦，为了避免误会，为了互相理解。

变色龙走路时，走得很慢。

我们问，为什么呢？

他回答，要谨慎，我们总都要小心。

变色龙用舌头来攻击猎物，

我们问为什么呢？

他再次回答，要谨慎，我们不要看不起我们的敌人。

变色龙师父值得被保护，变色龙的智慧值得学习。

齐老师点评（2020 年 5 月 8 日）

乌苏曼同学是个诗人，上一篇诗是《老智者的最后一课》，这篇诗里的授课人换成了变色龙——一种身体颜色可“随机应变”的小动物。

俄罗斯作家契诃夫有篇著名的小说《变色龙》，讽刺人没有自己的立场、油滑。

乌苏曼这首诗是让我们学习变色龙这些“优秀品质”——“不放弃目标”“跟他人学习”“和别人和谐相处”“谨慎”，而表现这些品质的“肢体语言”是：“一直向前走”“走路时向上向下看”“皮肤颜色随所处环境而变”“走路很慢”“用舌头攻击敌人”。

从肢体语言中“提炼”意义，是这首诗的创新。同一种“变色龙”在契诃夫那里是用于讥讽的比喻，在乌苏曼这里变为赞美的符号，那写作者们不也是在“变色”吗？

语言文字本身，就是变色龙。

语言文字本身，就是智慧结晶。

最后，这首诗的“体态”很美——你留心看，也很像一条尖头的变色龙。

小说：战争最后的受害者

作者：乌特科尔·哈西莫夫（乌兹别克斯坦）
翻译：阿凤（乌兹别克斯坦）

肖伊克拉姆坐在壁炉旁皱眉头。春天已经到了，天气明显暖和了，但壁炉还没有收起。没有人想起这件简单的事儿。碎布拼成的桌布上沾满了糖浆，草席、大陶杯、把手被烧了的木勺，一切都看起来很难看和沮丧。

躺在壁炉旁边的肖伊克拉姆叹了一口气。已经很晚了。偶尔传来一声狗叫，打破了沉静。挂在阳台支柱长钉上的灯泡发出暗淡的光。蚊子围着这盏脏兮兮的灯飞来飞去。菜园田垄间的水缓缓地流淌，泛着微光。如果仔细看的话，你可以看到叶子底下长出来的大个儿的草莓，正在积累果汁，就像为了让主人高兴而要快点儿成熟。早熟的草莓……风在摇晃着核桃树的树枝。它的嫩叶轻轻地沙沙作响。肖伊克拉姆的目光又一次落在陶杯上，落在那个烧了把手的木勺上。他甚至因为生气而皱起了眉头。与其做这么贪婪的人，不如从地球上消失！他生气地想起了他妻子。“天生就是个抠门儿，遇到困难简直就是彻底疯了。”

从房间里传来孩子的哭声，还有婴儿床摇动的吱吱声。孩子好像就是在等着这个，哭得更大声了。哭声一阵高过一阵。“你快哄哄她们！”肖伊克拉姆站起来喊了一声。妻子开始摇摇篮。“简直就是浑蛋，哪是孩子啊？！”她低声说，好像在替自己开脱。肖伊克拉姆笑了笑。难怪人们说：穷人种地，什么都长不出来，孩子的数量却越来越多。肖伊克拉姆想上前线，部队没要他，可能是因为联合企业里电工不够，也可能是他证明了自己是不可替代的。这几年肖伊克拉姆生了三个女儿，她们是他的财富。谢天谢地，战争的黑暗阴影绕过了这个家。他还有什么可抱怨的，对孩子发脾气是不对的！

院子的深处，篱笆门吱吱作响。肖伊克拉姆一边眯着眼，一边用手遮着眼睛往黑暗处望。婚后，父母的院子被用一个低低的土墙分成两部分，哈迪扎住在另一边。“我们自己住，不要打扰弟弟。”母亲胡姆里以自己的方式明白了这一切。如果已经分开住了，那就应该自己做饭。于是，她和小儿子沙尼格马特一起生活在院子的后半部分。他的母亲胡姆里穿着印花布做的背心，像影子一样在院子闪过。“你睡着了吗？”她问儿子。“你没听到吗？”肖伊克拉姆嘟囔着。孩子偏偏又哭了。“已经累成狗了，孩子还在哭。”妈妈平静地观察了一下。“你躺下睡觉吧，儿子。”她走进房间。她跟哈迪扎一起用自己的方式很快让孩子平静下来了。哈迪扎手里拿着一个茶壶、一个碗、一个玉米饼出来了。“只是茶凉了点儿。”她解释道。哈迪扎把饼撕开，请妈妈胡姆里进来：“请坐。”妈妈坐在了肖伊克拉姆的床头边。

“你自己也坐吧。”她说着把手放到桌布上。肖伊克拉姆发现，她手上的静脉肿胀，手指的皮肤也裂开了。最近几个月来，他第一次发现这些。“你什么吃的东西都没有了吗？”肖伊克拉姆问妻子。

哈迪扎的脸拉长了。“没……没有了。”他知道哈迪扎说的不是真的。妈妈捡起了桌布上的面包屑。

“什么都不需要，儿子，我只是顺便过来一趟。睡不着，躺着躺着……”

她把面包屑放到嘴里，嚼了。她就像在自言自语，继续说下去：“周四去看医生了，说如果病人每天喝羊奶，就会好起来的。每天要喝一杯。”

“现在哪儿能找到羊奶啊？”哈迪扎叹了口气。“连牛奶都找不到啊，妈妈，除非这会儿咱家牛下崽儿。”

肖伊克拉姆已经不再听妻子的话了。他莫名其妙地气得哽咽起来，忍不住攥紧拳头。“这些坏蛋会被抓住的！”然后想起了弟弟，大概九天前肖伊克拉姆最后一次去找他。他消瘦得很厉害，已经皮包骨头了。“他快要死了。”肖伊克拉姆心里想，“不管怎么样，他都会死的。”

“他身体怎么样了？”他还是问了一句。

“感谢真主，刚才睡了。”妈妈说。

“明天早上我会去看他。”肖伊克拉姆抱歉地说道。

妈妈全都明白了。

“他不会怪你的，他难道不知道，你一大早要去上班吗？他也知道，你回来得很晚。”然后妈妈突然说：“好吧，我要回去了。”

肖伊克拉姆睡不着觉了，他不知道该把气撒在谁身上。

“该死的生活！”他突然说，“你这是该死的，浑蛋！牛就这样从眼皮子底下带走了！”

“你干吗对我大喊大叫？”哈迪扎皱起了眉头，这还不够，她干脆大声哭闹起来。

“您不在家。只有我跟三个孩子在家，让我怎么办呢？”

肖伊克拉姆沉默了。就是这样，看来平静的水，你稍微搅一搅，下面的泥渣就会翻上来。他实在是忍不住了，骂了那些把他的牛牵走的浑蛋，还有没看住牛的懒婆娘。“要是现在牛下崽的话，就可以给生病的弟弟喝牛奶了。如果找到了那些小偷！”肖伊克拉姆想了想，“抓住的话……”肖伊克拉姆又攥紧拳头了。

“他们又活动起来了。”妻子接着为自己说话了，“这不，在铁匠伊利霍姆那儿偷了草莓之后，就来咱家了。”

“别大惊小怪的！可能是孩子们摘的。哪儿有小偷会偷草莓！”

“为什么不会呢？”妻子认真地分析道，“一小堆草莓可以换一杯玉米粉啊。您自己去看看吧，从墙上掉下来一块大石头，肯定是有人从那里进来的。”

“别胡说八道！”肖伊克拉姆嘟囔道。肖伊克拉姆突然产生了一种说不出来的感觉，这种感觉是他从未体验过的。好像全身颤抖了一下，突然间有个想法让他感觉浑身发冷：有人在伸手偷他的草莓。他坚决地站起来了。穿上拖鞋，走到院子里。

“一小堆草莓可以换一杯玉米粉。”肖伊克拉姆心想，“哈迪扎说得对。现在草莓是罕见的，肯定不是孩子们摘的。连自己的大女儿哈迪扎都不让她靠近那边，外人更别说了。草莓是罕见的，草莓可以换任何东西。哈迪扎说得对……”肖伊克拉姆不想再考虑草莓的事了。他想把所有的忧愁统统都放下，回到阳台上。

该睡觉了。第二天还得早起。但是一种可怕的力量促使他往院子走去。这是一种陌生的感觉，逼着他去点数自己的草莓。今天、明天、后天……他一边诅咒自己，一边把手指伸向小叶子，并翻起叶子看看。肖伊克拉姆要确认每一个小果子都在。真的需要修墙了！还有，他突然产生了一个可怕的念头，吓得汗都流到嘴里了。

肖伊克拉姆紧靠着树。不，不能这么快决定。要好好想。可是……不是他，而是其他人钻进夏天开放式厨房里，在钉子上挂着两圈电线。

这是他战争开始之前带回家里的。当时这些电线特别重要，婚礼哪能没有明亮的灯光呢？肖伊克拉姆费劲地在院子里布置了节日彩灯。“让你们看看偷别人的东西是什么下场！”肖伊克拉姆说。

“等着瞧！”他动作敏捷，把裸露的铁丝绑在绝缘线上。“等着瞧！”他把电线从阳台沿着树枝拿到菜园里。“等着瞧！”肖伊克拉姆几乎摸索着工作。昏暗灯泡里反射出的光只能照在水面上。裸露的铁丝绷在草莓藤上。他一边检查自己的工作，一边不停地擦脸上的汗，说道：“等着瞧！”他再次检查了埋在泥中的铁丝，然后回到家里叫醒哈迪扎。“怎么了？”她睁开眼睛，问道。

“晚上不要去菜园，也别让孩子们去那边！”

“孩子们不会去那里的。”

“好好看着！”肖伊克拉姆重复了一遍。“在那里会触电的！”哈迪扎终于清醒过来了，仔细地看了看丈夫之后，不由得心慌意乱，“您……您……”她想说什么，肖伊克拉姆听都没听。“别去菜园！”他又警告了一次，转过身，走出房间。他很长时间睡不着。那个昏暗的灯泡从来都没有影响过他，但是现在不知怎么的，他只好去关了灯。然后他还是觉得妻子没听懂他的话。又起来，找了根木棍锁上了房间的门。这样更安全，没有人会出来，早上他会切断绷在草莓藤上电线的电源。核桃树沙沙作响，偶尔可听见孩子的哭声。

突然一声尖叫。肖伊克拉姆爬不起来，他在躺着听。在梦里听到一声尖叫，这是怎么了？天亮了。一片苍白的天空从树叶间透过。还是……他害怕起来了。他害怕从阳台上下来去园子。讨厌的草莓。难道真的有人触电了？肖伊克拉姆踮着脚小心翼翼地走着，好像害怕打扰别人，怕吓到自己。

昨天晚上，他头脑一热做出了决定。现在是早上，他不会做出这么愚蠢的决定。他会做出这样的决定吗？离他几步远的地方躺着一个人。肖伊克拉姆又迈出了一步，然后……

“妈妈！”他的尖叫声惊动了全家人。他抱着母亲，摇动她的身体，拍打她的脸。

“妈妈醒醒！睁开眼睛！”

哈迪扎边哭边数落，孩子们在一旁大哭。面色发黄、骨瘦如柴的沙尼格马特靠在树旁，说：“我不该要喝牛奶，应该要喝毒药。”他的声音几乎听不见。奇怪的是，他哥哥和哈迪扎都听到了他的声音。

“那个医生干了什么？是他说的，草莓可以换牛奶。”沙尼格马特嗫嚅道。

什么都听不进去了：既没听见急促的敲门声，也没有听见欢快的呼喊声。

“嘿！出来，出来吧！战争结束了！”

齐老师点评（2020年5月10日）

假如阿凤同学翻译的这篇小说中介绍的故事是真实发生过的——一位母亲为救儿子的命而误入另一个儿子布下的“电网”而死。无疑，它是个该载入记忆的战争悲剧，因为昨天（5月9日）正是“卫国战争胜利日”，而且是75周年的“大胜利日”，但因“新型冠状病毒”肆虐，人们没能像往年那样热烈庆祝，而是度过了一个最安静的胜利日；今天——5月10日又是“母亲节”，以上两个节日都和这篇小说有关。

小说的情节如下：电工肖伊克拉姆为了保护家里最后一份财产——草莓，在草莓园布下了电线，谁来偷草莓谁就可能触电，而来“偷草莓”、触电并死去的不是别人，正是他母亲胡姆里。母亲是为了救马上就要饿死的弟弟沙尼格马特来摘草莓，想用草莓去换牛奶给弟弟喝。

妈妈触电死后当天战争就结束了（1945年5月9日），因此，她是战争“最后一个受害者”。

小说既记述了战争的残酷，也讴歌了伟大的母爱！

阿凤同学翻译的这篇“反战小说”可谓“鬼斧神工”，它没从正面战场，而是从战争中艰难度日的普通百姓身上发掘素材，表现了战争中人民承受的苦难。

故事构思缜密，以一些关键词：“草莓”“电工”“母亲”“饥饿”“母爱”“献身”为核心层层展开，故事发展过程交代得清清楚楚，结局令人触目惊心。小说行文流畅语言生动，收尾干净利索画龙点睛。

这篇小说无论情景描绘还是人物刻画都是一流的，能使任何赞美词语显得黯然失色。

在此，谨向原作者、阿凤和其他“苏联”同学献上“伟大卫国战争胜利日”最真心的祝贺！

随笔：春天在哪里？

梦琪（俄罗斯）

假如，2020年的春天没有疫情……

春天来了！对我来说，今年的春天跟以前的完全不一样。有什么不一样的呢？在我的生活中从来没经历过国外的春天，一直在俄罗斯度过既寒冷又无色的春天，但今年我很幸运，能够亲自去发现中国的春天是什么样，它藏在哪里了。

我是北京语言大学的学生，北语校园是以大而艳丽、花色繁多的花儿而著名的。春天一来，大学的校园像一座美丽的花园。

周末到了，我下决心走出校园，找一找春天的踪迹。一出门儿就发现了春天第一个迹象，这是一股寒风。尽管风和日丽，春风还是似剪刀一样，但多亏风的帮助，冬天严重的雾霾再也不会笼罩北京了。到了夜晚，满天的星星和月亮都可以看得见。太好了！

走路不远，在一座教学楼对面，我碰到了几个女孩儿。她们都兴致勃勃地拍了早开白花的照片。“哇！我每天在这条路上走两三次，但没注意到校园已经发生了那么大的变化！”我停了一下，慢慢地转身，在我的眼前出现了这样的景色：每棵树上几乎都有了嫩绿的树叶和小花儿，就是刚盛开的玉兰花。以前干巴巴的、光秃秃的树一转眼就穿了多彩的裙子。如果仔仔细细地听，还可以听见春天的声音，它在小鸟儿的歌声里面啁啾啁啾，通知大家天气很快就要暖和起来了。那时我所听到的、看到的一切都像一股暖流把我的心安抚下来了，让我相信，为了看到春天，只要去四下观望一下。

说实话，那一天最令我惊奇的是，春天并不只是在花儿绽放中或者在小鸟啁啾中藏着，而是在每一个人的心中。那这是怎么能发现的呢？

一见那些拍照片的女孩儿，我的注意力一下子被她们的样子吸引过去了。她们穿的衣服和鞋子很朴素，什么饰品也没戴，但她们还是有一些让我觉得捉摸不定。我看了又看，突然我所想的一切变成了一个很明显的解释。就是女孩儿的眼睛，既闪闪又发亮，还像晨曦一样把周围人的心温温柔柔地暖起来了。那样亲自发现的事实给我一种深刻的印象。

现在我由衷地觉得，春天酷似一个好女巫。每年她会特意进入每个人的心中，生出一种活力的火，然后我们要决定是否放她走出我们的眼睛，去温暖其他人的心，或者为自己保留？

其实春天来的时候，仅观察外面的变化还是不够的，还要注意心理的变化。现在我确确实实地知道了，春天不仅是一个季节，也是一种心理上的感觉。如果你等春天等了老半天，但它还没来，那你最好把眼睛投到自己的心里，可能会找到它已生的火，那就是真正的春天。你也可能会遇到这种问题：“如果春天连在自己的心里都找不到，那该怎么办？”答案很简单：来到我们的北语，这是春天的所在地。

齐老师点评（2020年5月27日）

梦琪同学的这篇随笔写得很优美，从文字中能感到春天的味道。

春天就在北语，只可惜并不是每位外国同学都能来校园欣赏今年的春色。

春天也在内心深处，因此即使错过了自然的春天，只要大家满怀信心希望以及对未来的憧憬，那么一年中365天的每一天就都是春天，也无论你身居何处，都能感受到同学老师们春天般的温暖。

小说：你从此是男孩，我的女儿

诗正言（法国）

3月21日，星期四。估计死亡日期和时间：3月19日凌晨1时25分。性别：女。新的文件堆在我的桌子上。我已经习惯了。死者只是档案编号，最后被存档而已。一年又一年，我已经渐渐地成了一个死亡档案员。这份工作很适合我，却让我的家人很是懊恼，他们总是不失时机地称我为“大连的装殓工”。每一份档案都是一个新的故事，结局都很糟糕，而我带着一种近乎变态的快感去翻阅剧情。3月21日，星期四，似乎是平平无奇的一天，“死者”舒适地堆放在我的桌子上，期待着一个人给予他们最后存在的瞬间。香港依旧是千奇百怪的城市，“不明不白”的死亡事件屡见不鲜。加入香港派出所，我不得不承认，我没有时间发呆。然而，我却没有想到，在那一天我的眼中会再次映入这个名字：周映媚。

周映媚，33岁，来自大连，可以说是我的青梅竹马，也是我的初次暗恋对象。我记得从她很小的时候起，她就散发着幸福的光芒，用美丽圆润的笑容照亮了人们的生活。她的鹰钩鼻，乌黑的长发，缟玛瑙一般的眼睛，贪吃的嘴巴，就是花木兰的化身。当我们的目光相遇时，我的心扑通扑通地跳，我的手势也变得很尴尬，她每次和我说话时，我都会被她的情绪所征服。这种隐秘的爱情一直持续到我12岁。那一年，我们已经不是同学了，我只在极少的时候在楼道里见过她。然而，我却注意到她有一些不一样了。曾经每时每刻伴随着她的光环，的确是消失了。她那一双曾经闪闪发亮的眼睛变得黯淡无光，平凡而又暴躁。我不明白花木兰为什么会让我感到不舒服，甚至吓到我。我和花木兰保持着距离，和其他同学一样。在高考前四个月，学校通知我们她失踪了。她一夜之间离开了宿舍，没有留下任何消息，也没有留下任何能找到她的痕迹。我记得大连的警察经常来学校，看看朋友们是否有她的消息。没有人敢说她没有朋友，她的麻烦是我们当时最不关心的。高考来得很快，老师每天用无用的、平淡而乏味的知识锤炼我们的大脑。对不起周映媚，我的脑子里没有任何空余的空间给你。当年的我是个自私自利的人。

我翻看尸检报告，在字里行间寻找问题的答案。什么也没有！无果。我继续翻阅着档案，突然发现了一封信，是在离尸体不远的地方被发现的。这一定是一封告别信，是写给她母亲的。我一直对告别信特别有兴趣，那承载着一个人在精神宁静的情况下说出遗言的时刻。书信很长，但我有的是时间。毕竟，我桌上的“死人”是不会自己飞走的！

亲爱的妈妈：

今天，我就要死了。我知道这样通知您不是最优雅的方式，但我的时间不多了。今天就这样结束了我 16 年的逃亡生涯，我的灵魂不能再忍受了。我知道我的行为是不可原谅的，我在家里给您带来了耻辱，请原谅我对您造成的伤害。我跑了很久，不曾回头，逃避任何一种呈现在我面前的责任。我有时想还乡，但我的游荡令我忘记了自己到底是谁，为何我要离开家。灵魂是混乱的，我不明白我变成了什么样子。我阳光明媚的青春在我 12 岁生日那天沉沦了。不管你喜欢与否，我都需要把这个故事详细地讲给你听。

正如我说的，我的时间已经不多了，我怕记忆会随着我的存在而消逝。您看啊，我从未怪过您，真的是这样！爸爸太早去天堂了，您就一个人勇敢地照顾我了。独自一人照顾我，嗯，是有叔叔来帮忙，在我们有几个月困难的时候，在经济上帮了我们一把。我想当时他想取代爸爸的角色，但是没有人能让我忘记爸爸。他坚强的性格，他温柔的目光，他温暖的声音，爸爸是我的一切。当黑暗的夜色让我无法入睡时，他就在我身边，给我讲《小红帽》之类的故事。在确定我睡得很安稳后，他才会离开我的房间。妈妈，我知道这一直让您很绝望。爸爸是我的世界，我很难与任何人分享。在他死后，我记得当时并不那么悲伤：现在他在我的心里，他是我一个人的，永远都是我的。毕竟那时候我还只是个孩子，妈妈。孩子的思维是不理性的，是纯洁的，是天真无邪的。当叔叔想接替爸爸的角色时，我就会躲在房间里，回忆起爸爸那温暖的声音，温柔的目光。

在我12岁前不久，我收养了一只可爱的小白兔。它的名字现在想不起来了，但我记得它每天早上都会爬上我的床，叫我起床。但在我的生日那天，它却没有在我的身边给我一个小小的吻。我记得我匆忙下了床，问您是否见过我的兔子。您都没有看我一眼，就说没有。可怜的小兔子一定是在树林里独自散步，我去找它。问题是，我从来都不喜欢在森林里散步。以前，爸爸经常对我说，森林是个神奇而又危险的地方。必须小心翼翼，因为狼会吞食不小心的小姑娘。那时候我还不明白这些话的意思。天气晴朗，树林离房子不远。我所要做的就是快速搜索，快速回家。没人会知道的！在树林的边缘，我感到我的心怦怦直跳，一种恐惧和好奇的感觉弥漫到我整个人。我别无选择，兔子肯定是独自在那片树林里找我。

它真是个白痴！我真是个白痴！我在树林里越陷越深，一个神秘的新世界就在我面前打开了。鲜花和潮湿木材的气味，昆虫和动物的呢喃，一切的一切都在我心中唤起了一种宁静和安全感。这里的宁静令我迷醉、心旷神怡，甚至忘记了我那只逃跑的兔子。我坐在树干上，闭上眼睛，听着森林的气息。当我终于睁开眼睛时，太阳几乎消失了，冰冷的寂静使我不寒而栗。我必须尽快回家，您一定是担心死了。我越是加快了步伐，就越是深陷在那片黑暗的森林里。最让我害怕的是这股奇怪的气息，似乎已经追了我好一阵子了。双腿疲劳，颤抖着不肯动弹。我拿起一根木棍，来抵御那股无情地纠缠着我的危险气息。忽然，两只眼睛洞穿了树林里的黑暗，紧紧地盯着我。恐惧麻痹着我：这可能是森林里的狼，也就是爸爸经常叫我提防的那只狼。我屏住了呼吸和恐惧的眼泪，全心全意地希望，如果我一动不动地站着，它最终就会离开。不久之后，那双眼睛真的消失了。我得救了！就在我准备离开的时候，有什么东西猛烈地撞击了我的头骨。狼来了！我试图用牙齿撕裂那只野兽来保护自己。狼痛得嗥叫着，开始把我痛打一顿。我渐渐失去了知觉，灵魂渐远。爸爸，我很快就会在你身边。

疼痛……

当我终于恢复知觉时，天已经亮了。狼并没有吞食我。我想站起来，但我的骨盆被无形的獠牙刺穿了。头似乎大了一倍，衣服被撕裂了。终于到了家门口，我若无其事地敲了敲门。您为我打开了门，当您看到我打着补丁的衣服时，哭着扑进了我的怀里。我还记得那时您大喊大叫地说："谁敢这样对你？你为什么没有乖乖地待在你的房间里？如果我生的是男孩，这种事就不会发生了！"您的语气很无奈，而我告诉您："狼想吞食我，但我依然勇敢地坚持。"我还活着，这是最重要的事情。不过，那只狼还是很奇怪！它的气味我很熟悉，与我们家的气味很像。后来警察来了我们家，问了我很多问题，接下来的事情，您和我一样清楚。

从那一天起，您就再也没有像以前那样看着我了。您的眼神已经变得冷酷而轻蔑。我在内心深处寻找自己可能犯下的错误。我在狼的口下活了下来，我和您在一起，妈妈，我还活着。但对您而言，我已经变成了一个东西，一个怪物。您一直在喃喃自语，说您最大的遗憾就是没有儿子。妈妈，我可以成为那个心狠手辣、脾气暴躁的儿子。因此，在整个青少年时期，我就成了这个学校里的捣乱分子，麻烦的源头。妈妈，为了您，我成了您的儿子。17 岁的时候，我终于才明白了自己的遭遇。具有讽刺意味的是，我变成了一个命运悲惨的花木兰。随着时间的推移，我的现实变成了一个谎言，一个骗局。那时候，妈妈，您恨我胜过一切。从那悲惨的日子起，就没有人敢看望我们了。

从那一天起，您就失去了您的女儿。从那一天起，我就变成了一个谎言。有很多次，我想待在学校宿舍，而不是回家。再也没有人在家里等我了。因此，有一天我决定离开一切，逃离这个我不想要的现实。我朝南边走去了。香港在当时的我看来是一个明智的选择：它是充满活力、国际化、现代化的城市。这是开始新生活的最佳场所。到了香港后，我才意识到，一个 17 岁的女孩，没钱没房，在香港很难活着。你一定猜到了接下来发生了什么事：我最后进了一个非法的妓院，和各种狼、善良的狼、攻击性强的狼一起生活。这个妓院对我来说，已经成为我们这个世界的一个缩影，充满了暴力、温柔和性爱。妈妈，别评判我，我知道卖淫是肮脏的，不干净的。但我从来没有要谁在我 12 岁的时候剥夺我的纯洁！我成了一个破碎的存在，没有方向，没有希望。但如果我不好好工作，我就会被打击得满身是伤。那是一个过于沉重的夜晚，被老板一拳打在脸上成了一种难以忍受的习惯。

妈妈，还有很多事情我没有告诉您！我……

信到此结束。在病历上写着，面部多处受伤不是死因，是毒品和酒精的共同作用，导致心脏骤停，进而导致周映媚的死亡。我不习惯在档案中掺杂感情，但这封信一定要找到真正的收信人。我决定在那个周末回老家看望父母，带着这封信给周映媚的母亲。我喜欢坐火车回到故乡，儿时的风景在我面前一闪而过。我越想周映媚的命运，就越发觉得，一个光明的人生会很轻易在黑暗中沉沦。到了目的地后，我租了一辆车，直接开到了这位女士的家，她已经很久没有听到女儿的消息了。我知道目的地是哪儿，周映媚小心翼翼地把地址写在信里。我希望她的母亲还住在家里。到了门前，我使劲敲门，确定有人来给我开门。一位女士打开门，请我进去。她是周映媚的母亲！

她虽大概 50 岁了，但看起来像已经 70 岁了。多年的劳累和煎熬，严重影响了这位母亲的健康。我告诉她我有一封信给她，她让我帮她读一下。读着读着，我惊奇地看着这位失去女儿的母亲的脸，那是神采奕奕的，眼睛里闪烁着好奇的光芒。在我读完后，周映媚的妈妈给我一个礼貌的微笑，说道："这个故事很有意思，但这跟我有什么关系呢？"

她说的话让我很惊讶，我对她说："夫人，你女儿去世了！我是来宣布她的临终遗言的。"

她保持着微笑，回答我："年轻人，请原谅我的无礼，但我没有生过女儿。我只有一个儿子，他很早就离开了家。先生，请原谅我，我现在得吃药了。"她从一个袋子里拿出三盒药，药的名字终于让我明白了情况的严重性：多奈培佐、雷司替明、加兰他敏。阿尔茨海默病，多么讽刺啊。我在这里没什么可做的了，我的任务已经完成了。临走之前，我看到离房子不远处有一片小树林。这片被诅咒的树林，这一切都在那里开始，一切都结束了。这片森林有一种宁静、安详的感觉。我抬头仰望天空，在心里喃喃自语："亲爱的花木兰，你放心吧！你的母亲，你的家，你的森林，什么都没有改变，一切都在那里！一切，嗯，几乎是一切：狼不再住在这片树林里了。"

齐老师点评（2020年5月28日）

一回到家就迫不及待地打开诗正言同学的大作阅读，果然是一篇绝顶优秀的小说！

一个管理“死亡档案”的男子（故事讲述人）看到了他青梅竹马的暗恋对象的死亡档案，这个开头本身就是一个巨大的冲击。

这是一个“性别错位”的悲剧——由于母亲喜欢儿子，女儿就强迫自己朝男孩儿的方向改变自己的性格和行为举止，逐步把自己变成一个“花木兰”，之后一发不可收拾，最终堕落直至死亡。

更富悲剧色彩的是当故事讲述人将女儿已经死亡的消息和其原因告诉她的母亲时，那个母亲竟然用微笑回复。他从她服用的药物知道她已经是一位阿尔茨海默病的患者，也就是说她将永远感受不到丧女的苦痛，而唯一能感受到女孩儿逝去悲痛的竟然是他——女孩儿的青梅竹马，那个“死亡档案”保存员。

小说的叙述采取了两个“我”：第一个是那个死亡档案员，因为使用的是第一人称，所以当那个“我”看到那份档案属于自己的年少暗恋的人时，读者会跟着他感到万分悲痛。

之后，当那封信展开后，第二个叙述的“我”出现了，这个“我”是上一段叙述中介绍的那个“她”，就是死者本人。

于是我们就能“听死者直接说话”了，就随之进入故事当事人的内心世界。

她的述说是人死之前的遗言：她讲述了她对早逝父亲的深爱、她因母亲愤恨自己不是男孩儿而感到的绝望，以及自己如何踏上死亡不归路的全部过程。

即使是在今天的中国，重男轻女的观念在一些地区还仍然存在，但在城市中已经不是主流。这篇小说想鞭挞控诉的除了男女不平等，更可能是某个父母心理畸形的案例——即对子女性别的极度不满意，并由之导致了女儿的堕落和丧命。如果小说是根据事实的讲述，那么它应该算作一起骇人的悲剧；所谓悲剧者不就是意外和本不该发生的事情吗？

小说：普通的上班族

宋欢笑（俄罗斯）

谢尔盖是一个普通的上班族。他的工作是例行的，上班的时候他必须不断填写报告，打电话给很多客户。谢尔盖的老板也是一位刻薄而贪婪的人。谢尔盖是一个中等身材的金发男子。他每天都穿着普通西装。谢尔盖每天必须早上 6 点起床，因为去上班的路需要花一个多小时，还有因为上班前他喜欢去咖啡厅喝杯咖啡。到公司的时候，他先喝一杯咖啡，然后坐下来做文件编制的工作。完成文件编制的工作后，谢尔盖来帮助新员工进行培训。不幸的是，老板并没有为这项工作支付额外的费用。实习生有时候真的不怎么好，偶尔还会遇到很笨的。因此，当他完成实习生培训工作时，时间将近午餐。

午餐时，谢尔盖总是在办公室对面的咖啡厅吃饭。咖啡厅里的食物不是最好的，但他喜欢那里的蛋糕。谢尔盖非常喜欢吃甜食。这就是蛋糕使他的灰色工作日变得光明的原因。因此，午餐后，他总是心情愉快。但是当他开始工作时，他不得不开始与很多客户打电话，他们并不总是礼貌的。如果老板不让谢尔盖周末的时候上班，一切都会好起来的。但是谢尔盖别无选择，因为他必须偿还抵押贷款，所以他需要钱。因此，他每个月只有几天休息。

有一天，谢尔盖心情愉快，但与此同时，他在新闻中听到了关于冠状病毒的总统令——所有人必须休无薪假期。谢尔盖进入办公室后，老板立即宣布他将关闭公司。这个消息让谢尔盖吃惊，在这一刻，谢尔盖掉了一杯咖啡，一位清洁女工开始对他大声喊叫。悲伤的谢尔盖去他的工作场所收拾东西。当他带着盒子走到外面时，他看到人们惊慌失措地跑到商店购买口罩、米饭和卫生纸。当他去商店买这些东西时，商店已经空了。他沿着街道走，每个人都在推他，然后他想到了去咖啡厅吃他最喜欢的蛋糕。但是当他到了咖啡厅的门口时，他看到了一张纸，纸上写的是这个咖啡厅永远关闭了。那一刻，他感到悲伤。谢尔盖别无选择，只能回家。

那天晚上谢尔盖震惊了。下班后，他回到家，在沙发上坐了大约 6 个小时。电视上没有什么好消息。在网络上，每个人都只谈论冠状病毒。谢尔盖根本不知道下一步该怎么做，如何继续生活。

在隔离区的第一天对他来说很容易。他醒了、洗了、做好准备后，意识到他不再需要去上班。于是他回房间，换上运动服决定去外面跑步，但是后来他发现也不可以去外面。然后他再次换了衣服去做家务，这是他很久以来一直在计划的事情。当他做家务时，他发现了一本书——《如何烘焙蛋糕及其他》。然后，谢尔盖决定要把所有隔离时间都花在烹饪培训上。

两年后，谢尔盖的老板走在街上，他遇到一个非常漂亮的面包店。当他进来时，他看到了很多美丽的蛋糕和面包。面包店传来一阵非常美味的味道，他立即想要品尝它。尝试了苹果派，他立即想向厨师赞美。他要求服务员叫来厨师。这时，一个快乐的穿着厨师衣服的谢尔盖从厨房里出来。谢尔盖遇到了老板后说：“好久不见！”

齐老师点评（2020 年 5 月 29 日）

读到小说的最后一个段落时任何人都会付之一笑——那个不喜欢重复平凡的工作和他的刻薄老板的谢尔盖，那个因新型冠状病毒疫情失业了的谢尔盖“因祸得福”，两年之后自己也开上了面包店，从打工人变成了老板。

真希望无数因疫情而失去原有工作的人都有这样一个令人笑得出来的良好结局。

中国有句名言“塞翁失马，焉知非福”。无疑今年对于许多人来说都是灾难性的，但对于一部分人和行业来说却是转折的机遇。

宋欢笑同学这篇小说使用的是契诃夫、果戈理式的语气，而关注和描写平凡小人物正是俄罗斯文学的传统。另外，在这么短的篇幅中你的作品完美清晰地展示了故事“起、承、转、合”（开头、展开、情节发生转折、结局）四个步骤，从容不乱、冷静道来，最后用“合”（结局）将故事推上了意想不到的高潮，使人忽然眼前一亮，用相声行话说就是成功地“甩出了个漂亮的包袱”。

恭喜你已经能写干净睿智的小说了！

对于因疫情至今还不能离开库页岛，重返梦中的母校“北语”的你来说，这不也是一个意外而美妙的收获？

小说：疫情日记

家琳（俄罗斯）

《疫情日记》摘抄：为写“读书报告”阅读严歌苓《陆犯焉识》过程札记。

2020 年 1 月 22 日

今天不上班、明天不上班、后天不上班……直到 2 月 2 日都不上班，这种好事我本人还是无法理解。这假期干吗？看一看书，还是看一看影视剧吧！

还有，多睡点觉！并多吃点东西。饿死我了。一到白天就订外卖，不省钱就省事，配送费再贵也没有出门找饭馆麻烦。反正当前不出门是最好的选择，有了病毒啊，而我呢，一个口罩都没有。

看书吧。

书没看完就睡着了。

下一站：写《陆犯焉识》读书报告。

2020 年 1 月 23 日

白天要去阿凤家过年！太好了！

2020 年 1 月 25 日

新年到了！

一整天都在家里宅，好无聊。外面没有人，可是天气好棒啊，一点儿都不冷。

同情是所有社会性动物的本质。

2020 年 1 月 26 日

现在我们都不知道什么时候才能开学。

宋欢笑今天就要回国了，把冰箱里剩下的东西都送给我了。好人。

所以说，从明天起，我一定要好好做饭。

饭没了就可以出去玩了。

我想看一下没有人的北京名胜古迹是什么样子的。

还有，我一定要多看点书、影视等，要不我的脑子就会烂坏了。

2020 年 1 月 27 日

陆焉识 2868 1564 278 无期。

邓玉辉指导员。

18 年后才自由了。

在看《我和我的祖国》。

高远，方敏。

小护士我认出来了！啊啊啊！！

《相遇》这一段太好看了！

“十年前陪绑杀场给吓成语言残疾的反派”都是装的！

当时19岁的女儿冯丹珏，生物学博士，血吸虫。

老婆、冯婉瑜、阿妮头。

“邓指又在半腰上打断他，说老陆，你女儿怎么这么霉气？长得排排场场的，摊上你这么个瘟爹！”

16岁，梁葫芦杀人犯，赃物。

兴师动众。

2020年1月28日

我想吃薯片……很想很想！还想喝奶茶！

反人道罪！

上呼吸道感染，新型冠状病毒。

“有的人是为了惩治人类生的，正如梁葫芦。”哈哈哈……

垦荒。

2020年1月29日

陆焉识：1925年——18岁，1907年——出生？可是1963年他已经60多岁了……

冯婉瑜：细长鼻子，细白面皮，跟姑姑长得很像，主修体操，比焉识小一岁。继母比他大十岁。

“因为可怜，什么恶毒事都做得出！”

结婚了！这样就买了自己的自由！

明天要到一站式服务大厅去取出入证，顺便买水吧。

不打算回国？真的假的？

他真的是182厘米高吗？跟我爸只差1厘米，可怕……

“他从来就没有过足够的自由。”这句好，可是它的上下文……“孩儿啊，你可怜的媳妇比你更不自由呢！”

下下章叫《梁葫芦》！赶紧看！

2020年1月31日

“坏的人民和好的敌人不是一个性质，坏的人民坏到哪里也不是敌人。”

梁葫芦会死吗？我要吐了……

这壶茶喝完了不再泡，省糖。

伪连长尊敬老几？

“不许动！”解放军喊道。其实老几听懂了，那是他叫老子耐心等待。这才是生存语！

手表不行了！

梁葫芦：找吃神。

2020 年 2 月 1 日

春节假期结束了，春节配送费再贵也不会影响我！

马男蹲监了！太好了！

原来刘胡子自杀了！我不大明白，他哪找到了纸笔？怎知道了日期？有点狗血。最大的问题是，为什么不让敌人“待查”地死？严歌苓所写的理由站不住脚。

老几喂了梁葫芦！好人！

梁葫芦说：“从小到大没有人教过他好。”他自己相信这种事的重要性，还是仅仅给陆焉识拍马屁？

2020 年 2 月 2 日

下雪了！腰好疼好疼。

八字脚，电灯泡。

少女冯婉瑜真可爱……

2020 年 2 月 3 日

“有了孩子啼哭和奶气的房子，就更不是他的家了。”那倒也是，不过他凭什么说这是冯婉瑜的家？唯一的主人明明是恩娘啊！

有人想过冯婉瑜的愿望之类的吗？根本没有。下意识看了个剧透，因此知道她是真爱自己的老公……这不叫斯德哥尔摩症候群吗？不爱他就会发疯了吧。

喜欢严歌苓能够这么冷静地把各种浑球一五一十地写出来。

大卫·韦一年没有工作了，来得及让老婆生三个孩子……

2020 年 2 月 4 日

“到了 57 岁，婉瑜成了个情书的老读者。”

1954 年，焉识提出离婚。

1948 年，恩娘去世了。

原来冯婉瑜早把陆焉识少爷看成她的神啊……

三个孩子！

杂工——代课老师，厉害！一年零八个月通过俄语资格考试，更厉害！

2020 年 2 月 6 日

1963 年 11 月 16 日：逃犯！也就是说，梁葫芦已经……

我不行了，无法呼吸。

2020 年 2 月 7 日

“犯人强弱不一，弱者如老几，连闻气味也没有份儿的。”

婉瑜不让老几错过孩子们的成长……唉！好人！

“在她信里跟他重新过一遍那些日子，把它们过成了好日子。”这句话往下看令人泪目。

“焉识赚那点钞票容易吗？浪费到我身上我担当起吗？”恩娘显然听见了焉识进门，提高了嗓门。哈哈，超级喜欢这位老（其实仅仅32岁的）狐狸！

大女儿：丹琼。

2020年2月8日

“孤寡女人唯一的男性伴侣”哈！我早知道了恩娘对他有意思！

受气包。

锁的最近的就是婉瑜，这一点没错。

大女儿4岁时，儿子才1岁半。

“我晓得，假使恩娘不是这样厉害，你会待我更加好的。”妹子，他连你的生日都给忘了啊！

啊哈！终于到了这个时刻：“婉瑜没说出来的话是：你不自由吗？你还不自由？！”

去了趟无锡，这都是1936年的事。

1936年12月底怀上了小女儿。

“驴只要能欺负一下人就决不放过欺负的机会。”看来我也是头驴，唉！

含淀粉的草。

提到了梁葫芦！这一点多么可怕……

司机早就知道了！哦，不是……

原来恩娘患有帕金森……她去世不是仅仅50来岁呢？太可怕了……

“这时他不知道，他把心爱的婉瑜害得多苦。”哎！

青藏公路，敌属。

妄想症。

2020年2月11日

明天有个任务！好激动！要去李同学宿舍跟那边楼妈说她需要哪些课本啊、本子啊等。

“一二·九”是指“一二·九运动”。

1937年5月，冯婉瑜买了手表。

中文真迷人啊！

问：三个金叫鑫，三个水叫淼，三个人叫众，那么三个鬼叫什么？

答：叫救命。

2020年2月12日

土生土长。

都1937年了，可是恩娘还不愿意离开上海。

假使天上真有神，我想祷个告：

让我比谁都好！

让我比谁都聪明！

让我比谁都成功！

让我比谁都厉害！

我的天我真的很喜欢恩娘！简直是条蛇，蛇也爱焉识……

梁葫芦呢？是狗吗？怎觉得有点不合适……

陆焉识是一匹狼！就像那个表情包！

祝李同学早日找到没回家的邻居！

今天跑累了，明天多看书，或者看部电影也行。

陆焉识真的要走吗？

2020 年 2 月 13 日

对陆焉识来说，爱情是件好事，对冯婉瑜呢？没有他，她的人生进步了，而且进步了不少……

他要说这些事再让她送他去公安局？他怎么不去想她精神会受到什么样的打击！

终于想了！

在西宁自首了？啥情况，刚才不是在上海吗？

韩念痕就是那个重庆女子……

川剧，川军。

“他大概是有病了，一面把她当垃圾，一面用尽手段和她的同居人竞争。”

又恶心又真实，我跟前对象也是这个样子……

唉，文学与生活之间的距离不够大。

2020 年 2 月 19 日

他弟弟过得不错，我也想娶个有钱能够好好养我的媳妇……

1947 年才找到了份工作！

“他贪什么？”“他贪功名啊！”哈哈哈。

大卫・韦又让他写文章了？气死我了！

弟弟把他家长子留在中国了，太危险了！

2020 年 2 月 20 日

蒜味这段很搞笑，哈哈哈。

护士们医生们都把陆焉识的病号给忘了，可怜的老爷爷……

邓指当了农场副委，叫老几当捕鱼队中的统计员。

“天晓得这个矮个子副政委要对他干什么。”不准笑！不准说话！

冯婉瑜为什么不给她写信？出事了吗？

2020 年 2 月 21 日

邓指大女儿只上了三年小学就出嫁了……唉……

大写的梦也很好听。

李同学说我“逐渐失去了生存能力”！哼！这孩子！

唉……下周开学了……

原来是想转队！为的是……让毕队长打死他？

哦！不是！邓指怕老婆有了男人！！

欧米茄之谜终于解决了……都几年了！

2020 年 2 月 22 日

后天开学了……

离婚也是爱情的表达。

冯婉瑜是为了儿子的政治前途而不回信。

冯子烨很像我舅舅：心意好，脾气坏。

藏人买鱼放生，汉人用炸药抓鱼。

很想邓指看看老几的这本书！研究一下文雅恋爱，哈哈哈。

2020 年 3 月 1 日

“非常感谢您能答应我的无理请求。”

境界不同。

2020 年 3 月 4 日

本人是不是头脑功能不全？

这章里老几真逗，不信自己快要自由了。

2020 年 3 月 7 日

作业做完了，看书吧！

邓指做了什么手术？原来是肝癌，唉……

死马当活马医。

把手表还给他了！

邓指家老三考上了大学！

去世了……

陆焉识咋还没回家！

2020 年 3 月 8 日

昨天天晴，今天不一样，可是我还是非溜不可。

冯丹珏当了个大研究员！

冯婉瑜“成了几条弄堂里最受欢迎的居委会阿婆”。好开心！还给文盲补课！

2020 年 3 月 10 日

1977 年：政府不再收陆焉识了，求冯婉瑜配合一下。

等回信等了 6 个月！

“可是女儿叫什么名字？一定要想起来，不然人就笑死了。”这……

最好的爱情歌曲都是快乐的，因为爱情本来就是一种带来快乐的事情。

2020 年 3 月 11 日

一夜不睡……明天还得上班……

自从昨天上午 8 点半到今天下午 3 点一共睡了多久？ 2 个小时吧？

要调房的人就是冯婉瑜吗？

“谁也不能说满脑袋童话的人是老年痴呆”……

周六一定要出门散散步。

冯子烨很会吵，哈哈，“两年前吵到一套 60 多平方米的住房。”很佩服！

2020 年 3 月 17 日

丹琼带着两个孩子回国探亲。

好饿好饿好饿……快要上课了，来不及做饭了……

冯子烨叫爸爸了！暴力的用处确实不小！

2020 年 3 月 18 日

1984 年：编辑汉英词典（其实是利用他们把房子拿回来）。

把三对夫妇都赶走了，唉……不愧是个老布尔乔亚。

房间闷热，睡不着，难受啊……

“碰上跟文字打交道的事情，能不做就不做。到头来都是吃力不讨好。”“我认为当主编是荣誉。”“你想想看，我这要荣誉做什么？”

作文还差 850 字，该死！我想画画唉……

……外面风可大!

1986 年 6 月 30 日：复婚!

不想读书，想画画……

校园卡过期了，充不到钱了……真难受。

冯婉瑜去世了。

“读书报告”《陆犯焉识》稿子弄好了，明天修改一下即可发了。

小说：养鬼

家琳（俄罗斯）

原创文学作品（节选）

据说，很久很久以前，一个不大不小的镇子里有个肉贩想把自己家的小女儿嫁出去。一方面是因为这件事迟早都得做，另一方面是因为这臭丫头真讨人厌。说是小女儿，可是她脾气挺大的，也长得比自己的三个兄弟还要胖，敦敦实实的，喜欢大声骂他们是狗是猪，还喜欢挥着一把屠刀威胁要宰了他们，将他们的肉当馅饼的馅卖出去。

尽管在他们家的生意上小女儿是位无可匹敌的天才，肉贩却舍得放她走，可就是没有人答应娶她。

最后，一个不知好歹的男人出现了。肉贩的小女儿（也可以说是女肉贩，都 20 岁了）一见这位逞匹夫之勇的无名英雄就喊道："你这辈子照镜子了没有？长得这个模样还敢和人求婚？去死吧！"那个男人回答："有性格！我喜欢！"

老肉贩高兴得掉眼泪："喜欢就成！好汉带走吧！老夫不介意！还给你送赠品！"

看到这一幕，女肉贩觉得十分不妙。等天黑了，她收拾了老肉贩家所有值钱的东西便跑了。

没有人追她的。

据说，更久更久以前，一条不大不小的商船撞到岸边。说是商船，可是船上一个商人都没有：这条船所装的就是进口货和人骨。而把人骨上曾有的肉啃光的那个妖怪已经不见了。

她早就上路了：既然岸边没有活人，她只好去找找。

她这寻找是永远的，无尽的。从她记事起生活就如此：走路找吃的，吃了睡，睡了找，找了吃。她很快发现她的猎物言行举止以及打扮有所改变，跟上船之前有区别，不过过了几年也适应了，反正这边的人类被吃的时候跟她习惯食用的品种几乎没有两样。

齐老师点评（2020 年 5 月 29 日）

家琳同学这篇“奇葩日记”由于是印象派和意识流的，因此最好用“谈印象”来欣赏它。

家琳的试验无疑是成功的：你成功地用汉字的独特性（能独自孤立成文）搭建了一个形体非常奇特的文字现代派建筑，有点像北京央视大楼的“大裤衩”或者“鸟巢”，反正它看上去恣意妄为、不拘一格却很新潮养眼，尽管散乱却有内在主线和章法。

你的故事紧扣《疫情日记》主题，用特殊时期生活学习的碎片散点瀑布似的泼洒出了一幅让人眼花缭乱的文字涂鸦，使那些碎片在“抗疫”的大背景下熠熠生辉。

读书、写作、看剧、思考无疑是你作为学生的生活主旋律，只不过你没有将其庸俗地美化、理想化，而是用凌乱的读写心得把主旋律混沌地表述出来，表述的过程中不乏妙语连珠和睿智的遐思。

那部你读的最长、最仔细的书就是严歌苓的《陆犯焉识》，你把那本书读懂、读透、读进自己的灵魂深处了，让它的筋骨肉屑分布于这长篇日记的字里行间。

前些日子中国掀起一轮“前浪”“后浪”之争，你这篇日记绝对属于“后浪文学”的典范。

至于最后那篇小说《养鬼》，坦率说第一遍我没太看懂，它是年轻人喜欢的鬼怪话题，不过它的文字是很魅艳不俗的，值得我学习学习再学习——或许还学不会呢。

这绝不是谦虚。

再次祝贺家琳挑战新文体成功！

随笔：我和我的中文名字

宋欢笑（俄罗斯）

在这个“创作”中我想跟老师讲一下关于我的中文名字的故事。

为什么我叫宋欢笑？

有什么意义？

为什么姓宋？

这名字在生活中给我带来了什么帮助？

2014年9月，我第一次来到中国，到北京只是学习一年时间的汉语，简单地说，本来我也没有打算在中国留学。那时我不会汉语，所以当我第一次上汉语课时，我一句汉语也不懂。老师也不会俄语，她直接用汉语给大家上课。

我第一次听到汉语的时候，觉得挺搞笑，之前从来没有听过，忍不住笑起来。因为我开始笑，我真的笑得很大声，所以我班的同学们也开始笑。我笑是因为觉得汉语听起来很搞笑，大家开始笑是因为我在笑。（齐老师：好笑！）幸好张老师的性格也非常好，我在上课的时候笑起来，老师也没有生气，反正张老师也开始笑。张老师一见我，就说你真的是欢笑。后来老师决定给我起“欢笑”这个名字。

为什么姓宋？因为“宋”与“送”谐音，所以我中文名字的意思是送给别人欢笑。所以说我的中文名字完全跟我的性格有关系，我就是一个爱笑的姑娘。我觉得最搞笑的事情是，因为刚开始学习中文，我大概过了6个月的时间都不知道我中文名字的意思是什么。

我真的感谢“宋欢笑”这个名字。因为读本科到四年级我们应该选择一个毕业论文的题目。我们双语系的学生有两个选择，要么做英汉翻译，要么写文化对比。但是因为我的英语水平不够，所以英语老师建议我写文化对比。我考虑了很久，我的俄语名字跟汉语名字一点儿关系也没有，但是我们班有些俄罗斯同学，他们的俄语名字和汉语名字是谐音。我也认识很多学俄语的中国朋友。我开始问他们的俄语名字跟他们的汉语名字有什么关系，或者他们的汉语名字有什么意义，为什么决定起这个俄语名字，等等。我想这个题目应该挺有意思。

所以我毕业论文的题目跟我的名字也有关系。我论文的题目是《俄汉人名对比研究》。在论文中，我对比了俄语和汉语名字的结构、来源、意义和起名字的方法。最后我调查了俄罗斯留学生的汉语名字和学俄语中国学生的俄语名字。当然在我的论文中我也研究了“宋欢笑”这个名字。

去年本科毕业之后，因为我不知道毕业以后能不能留在中国，北语还没给我关于读研究生的答案，所以我决定文身了。文什么呢？文自己的中文名字。为什么文自己的中文名字呢？因为我超级喜欢我的中文名字。所以在我的左前臂有文身：宋欢笑，但是用的是繁体字。因为我觉得繁体字更好看，做文身的话更合适。

这个名字给了我很大的影响，我认为有了这个名字以后我更爱笑了，变成了更可爱的女孩子。老师们、同学们和中国朋友们都喜欢我的名字，也喜欢我的性格。

我现在想一想，如果我不来中国学习汉语的话，我就不会认识张老师，张老师就不会给我起这么好听的名字。所以我认为我与中国有缘分。希望研究生毕业以后留在中国发展。

齐老师点评（2020年6月4日）

小宋老师（“送欢笑”同学也是俄语老师）这篇文章是作文的经典，任何人读后都会哈哈大笑起来。

汉语是表意语言，用汉语取名是要赋予意义的，因此“宋欢笑”（送欢笑）这个快乐的称呼才成为可能。这个能将寓意、性格、心态和表情都“统一”到“欢乐”上面的汉语名字之所以成立，你还要先感谢汉语——这种独具特色的语言。

汉语这个“命名特色”和拼音文字的名字一对比就比较出来了，比如我的英文名字是“Jimmy Qi”——与我的“一民·齐”谐音，但它本身没有任何意义。

我这个名字是大约30年前我在加拿大一家公司工作时上司强行给我起的，理由是他们记不住我的中文名字。至于我被叫作“Jimmy”之后是喜是忧，就没什么人在意了。和我的比较，你的中文名字不仅是个“动名词组”——把“欢笑”“送”出去，具有“行动性”，而且你被自己和别人那么叫久了，会形成一种长期的潜意识和行动惯性——你必须始终永远保持“欢乐状态”，和自己的称呼步调一致，那么久而久之，你自己的性格也会随之固化——会变成一个始终知足常乐的人。

这多么令人羡慕！

假如相反，你的中文名字开始就是“宋悲伤”“宋烦恼”呢？

名字虽然只是符号、标签，但标签贴得长久了也会改变自己的内在状态和他人对你的认知。

因此，取个好的中文名字意义不小。

这有点像中文名字中的“小名”，中文的大名有家族姓氏、辈分用词等因素，取名时比较拘谨，而取小名时总是随性格而起，性格呢，也会和小名呼应。

汉语的美丽（魅力）之一，在宋同学这里被用足了。

你的姓是个随意的动词，这个奢侈我们没有，而动词后面的宾语——名，又是你性格的表现。

让我们用欢笑感染世界吧，尤其在如此特殊的公元2020年！

随笔：我的窗外只有秋天和冬天这两个季节

薇蕊（俄罗斯）

我的窗外只有秋天和冬天这两个季节。

在某些地方，你愿意无忧无虑地度过整个暑假。在某些地方，你只愿意待大概两个星期。这并不是说你不愿意多休息一下，但就是自己的资金仅够两周。在某些地方，你只愿意待三天。若停留四天，则会因无聊而死。

我的城市适合于最后一种情况。在远离世界的地方，在北极圈之内，靠近永冻土，是我的城市。似乎越接近赤道，自然多样性就越丰富，它就越奇妙而令人惊讶，以至于人们甚至没时间记住看到的每种奇迹，他们住在这种不断的兴奋和喜悦中，每天都遇到新事物。

而能容纳奇迹的空间，越靠近北极越少，因此在北方的地区只有少数奇迹，最强大，最难以置信的、神奇的奇迹。这样，很容易识别和发现它们，并且在没有其他分散注意力的斑点的情况下，可以很清楚看到它们。

我的城市只有冈陵、青苔、花楸果和雪。春天、夏天和秋天匆忙中互相更替，它们惧怕冬天。冬天就是这里的女王，可能会践踏它们。这样每年其他三个季节匆忙迅速到赤道去，并留下一团糟。由于冬季的强烈影响，夏季这里会下雪，在春天，一夜之间，叶子就会在树上出现，而到了秋天，几天内，金色的床罩就能保护地球免受凛冽的风。

冬天不仅是一位女王，她还是这片土地上三个奇迹的守护者。第一个奇迹是夜空中爬行的彩色的蛇。这条蛇在特别寒冷的冬天会出现。一定要注意到它有色的皮肤：绿色、蓝色、紫色的反光。蛇飞快地躲进夜空中，人们不可能长时间关注它。这蛇以北极光为名。某些自然现象被人们关注很长时间：星星、云彩、燃烧的火或夕阳。我还记得，在我奶奶住的农村，夜晚时，我走到外面去，抬起头，在黑苍苍的天空中有成千上万的星星。星星可以整夜看，它们不会突然消失。而且我总是知道明天也可以看到星星，而后天和每一天，除了阴天和雨天，都会如此。但北极光不是。首先，它仅在严重霜冻中发生。其次，没有晴朗的夜空，你看不到它。最后，北极光就像闪光：火了，飞过去就消失了。

第二个奇迹是极夜。这种现象始于12月，持续到转年整个1月。太阳不会升到地平线以上，我的动力不会升到床面之上。沉重，阴郁的时期。这段时期之内，学校上课时间缩短，还有极夜中的假期。一年的工作时间算得上两年工作的经历。最困难的是每天都在夜中：清晨上班时，天仍然是黑暗的，而当你回到家时，天也是黑暗的。全天只有4个小时天空会变得明亮一些，这足以看出来地平线。这4个小时是我们所拥有的。

第三个奇迹是极昼。每年，冬天像孩子一样，顽皮的行为结束后，在5月就开始极昼的时期，可以全天享受阳光。从春季开始和整个夏季，太阳不会落在地平线以下，夜间3点光线与下午3点的光线一模一样。尽管整天在亮，但阳光几乎不温暖，因此这也不会妨碍下雪。

一个人平常只记得好事，而坏事会很快被忘记。因此，我很容易回忆起这座城市几乎所有晴天和温暖的日子。

我记住的第一个晴天也是我记忆的开始。我爸爸是军人。我记得那一天是夏天，我和我妈妈去抵达港口的船上与我爸爸会面。周围都是绿草和款冬，那是种黄色的花朵，类似于太阳或蒲公英。当时 3 岁的我穿的浅蓝色的裙子，跑去拥抱我爸爸，即使是那一刻的照片也依然存在。我不知道为什么，但是我将那一刻记下来了，现在这真的是我生活中的第一个记忆。

下一个记忆与我在暑假结束时回到我的城市有关。每年夏天，我在乌克兰的农村度过。平常 5 月初我已离开我的城市（在学校提前交了所有作业、测试等，所以老师让我放假了），那时我的城市仍然是冬天。夏天结束前，当我回来时，我很惊讶地看到整个城市都绿树成荫，而我习惯了下雪和寒冷的冬天，走了很长时间，都感到很惊讶，再次认识了我只在漫长的冬天里看到的地方。

中学毕业时，5 月末我为考试做准备的时候，经常熬夜。我记得我喜欢看窗外那种奇怪而明亮的夜晚。我的城市还有另外一个特色：在清晨和下午，经常有北风或雨，天空遮满了乌云，看不见太阳，但是到了晚上，多云通常会消散，所以太阳整夜都在照耀。很多人听说过圣彼得堡的白夜，但是极昼与白夜是两个不一样的现象。白夜时散散步，还是会看得清楚这就是夜，而不是白天。但是极昼不一样，夜晚醒来而不看表，则可以确定白天已经到来。

因此，我喜欢在晚上打开窗户，呼吸新鲜的凉爽空气，这表明夏天也很快就会开始。

我也记得我从高中毕业的那天。那天实在太温暖了，甚至可以穿一件连体衣和鞋子，不用带外衣，这很不寻常。我记得那个晚上，我和我的同学们去码头，坐在长椅上，在尤克里里上演奏，唱歌，看着安静的巴伦支海和天上冻结的阳光。

在遥远的北方长大和生活的人们很容易与其他地区的人区分开来。外表闷闷不乐，他们实际上笑容很多，特别是在困难时期。他们很容易适应任何生活条件，秉性纯朴，也能忍受极夜和永恒的寒冷。我觉得遥远北方的人就是她的第四个奇迹。

齐老师点评（2020 年 6 月 4 日）

好美的一篇散文！

如诗如画，仿佛梦境。

随笔：我们的抗疫故事

白兰（俄罗斯）

今年年初我来到中国大连朋友家，准备和中国朋友一起庆祝中国的传统节日春节。当时新型冠状病毒疫情刚刚在武汉被发现并且传播，全中国甚至全世界都在密切关注着武汉的疫情形势，为它担心。

飞机降落在大连周水子机场时，整个机场的气氛也比较紧张，虽然在大连，甚至整个北方还没有发现任何新型冠状病毒病例，但是大家都已经做好防护措施，每个人都戴着口罩，无一例外。我在家准备来大连的时候也做好了充足的准备，买了几十只口罩。因为看新闻知道突发疫情导致口罩短缺，在中国很难买到口罩，当时的想法是给中国朋友带去一些口罩，给他们使用。在我的家乡口罩供应量还是很充足的，主要是因为那里还没有疫情发生，没有人戴口罩，所以我很容易地买到了几十只口罩。

朋友到机场接我，虽然正处在新春佳节之际，但是从机场出来，几乎感觉不到任何节日的气氛，整个气氛比较紧张，大家都尽量避免说话，急匆匆地走在路上。我和朋友见面之后也没有摘掉口罩，虽然我们已经几个月没有见面，但还是听从政府的意见，全程戴着口罩交谈。来到朋友家进入房间之后，看到房间里贴着对联，桌子上摆着水果食物，还有马上要入锅的饺子，和朋友家人们短暂的寒暄后，节日的气氛突然浓了起来，这仿佛让我感觉到了此行的意义。

本来打算在大连居住两周，然后离开，但是几天之后，随着疫情的蔓延，政府出台了各项防止疫情蔓延的措施，很多娱乐场所和餐厅都停止了营业。原来游玩大连的计划都被改变了，街上的行人开始越来越少，甚至小区里平时锻炼散步的人也都几乎不出门了，听从政府的建议，在家等待疫情好转，只有必须要办理的事情才会出门。我每天在家里用看书、学习、看新闻替代了原计划的游玩。随着疫情在全国的蔓延，我的这种宅家生活势必要持续很长时间了，我也有了心理准备。我知道全中国的老百姓都和我一样，在家生活，为抗击疫情做出自己的贡献。封闭的小区，关闭的街道商铺，中国人失去了往常的生活，但是人们都知道，这是为了迎接正常生活所必须要付出的代价。没有人有怨言，都默默地努力着，付出着，也许这也是中国人民的一个优良素质。随着政府动员全国人民待在家中为抗疫做贡献的时候，各个省市的医疗团队也迅速向武汉集结，争取把病毒扼杀在武汉，全力保护武汉人民。看着全国各地的医疗队员义无反顾地奔向疫情最严重的武汉，我被感动了。只有最伟大的民族才可以做出如此壮举，只有最强大的政府，才能领导出这么强大的中国。给我很大感触的就是中国政府真的是把人民群众的身体健康看作最重要的、最关心的事，可以为了这个牺牲经济利益。因为只要有人民在，所有的损失都是短暂和渺小的。

世界上的一些友好国家也对中国伸出了援助之手。俄罗斯、巴基斯坦先后向中国捐赠了大批口罩和其他医用防护物资，有效地缓解了中国的抗疫压力。随着时间的推移，我带来的口罩已经用了一半了，我去药店商店询问，能不能买到口罩，给我的答复是否定的，可能所有的口罩都被运往最需要它的疫情重灾区了吧。过了几天之后，情况有了好转，因为中国政府的领导，中国口罩的产量很快达到了每天一亿只以上，我们在任何药店商店都可以很容易地买到口罩了。同时中国也有足够的能力帮助世界上的任何国家，他们也热衷于此，把他们的抗疫经验毫无保留地、无偿地分享给其他国家，并且派出医疗队，直接参与到一些国家的疫情防控当中去。

在中国人民的努力下，疫情在中国逐渐退去，我的生活也随之发生改变，可以自由出入小区，商店超市餐厅都开门营业，让人们逐渐恢复往日的生活。虽然大家享受着能正常生活带来的那份安逸，但是大家都知道，疫情并没有结束，还是遵守政府的规定，保持社交距离，戴口罩，尽量避免人群聚集，等待着疫情彻底结束的那一天。希望这一天早日到来，中国人民恢复正常的生活，世界人民恢复正常的生活。

齐老师点评（2020 年 6 月 5 日）

这篇文章写得朴实、真实。中国有“缘分”一说，白兰同学在疫情暴发的时候到大连朋友家“避难”本来是无心的，但可能就是缘分。

能在疫情防控期间坚持看中文电视新闻，是对汉语的活学活用。

特殊的时候才最能显现一个国家和一个民族的特性，你能在此期间身在中国和中国人民一起“避难”，这段经历永久不会忘记。

随笔：甜蜜蜜的童年

梦琪（俄罗斯）

现在的我距五岁的我不过一步之差，

而从新生儿到五岁的我却是万里之遥。

——列夫·托尔斯泰

在国外待得越久，想念家的念头越强烈。我在中国快要 9 个月了，虽然我在这里的生活过得又充实又愉快，但是时不时也会想家。一开始想家，脑子里总是浮现一些童年回忆的画面。我算是一个很幸福的人，度过了一段美好的童年。在我看来，童年时期是人一生中的黄金时代，也是一去不复返的时代，因此是最珍贵的。遗憾的是童年的独一无二性、珍贵性，在我们长大之后才意识到。

我把自己的童年回忆看作一个甜香扑鼻、入口即化的蛋糕，那种你一个人吃不如和其他人分享一起吃的蛋糕。所以我把自己的“蛋糕”切成了四大块分享给大家，用餐愉快！（齐老师：好比喻！）

第一块，童年般的可可粉。

我童年早期最温暖的回忆是关于早上准备去幼儿园的，更具体地说，是关于我妈给我做的可可的。当我小的时候，我们家里的一罐雀巢品牌的可可粉很快就被我喝完了。说实话，没有被喝完，而是被吃完。妈妈没注意的时候，我偷偷地用勺子直接吃可可粉。现在我已经24岁了，有了爱人，他和我一样也很喜欢喝可可。但是，我们的可可粉一如既往很快就没了，这还是怪我的，我时不时偷偷摸摸地吃可可粉，依然故我。

第二块，终于自由了！

除了可可之外，几乎每个小孩儿都爱看动画片，6岁的我也不例外。有一天，我幼儿园小班的小朋友们在老师的严密监视下出来在院子里玩一玩，散散步。恰巧我的闺密当时提了一个很有诱惑力的主意——要不我们俩偷偷地回家看动画片，整天待在幼儿园多么无聊。我毫不犹豫地答应了她。幸亏院子的大门开着，也没有人注意到我和闺密的离开。在外面迈出第一个自由的步子让我们感到兴致勃勃。终于自由了！那时候我们把自己看成成年人似的，感觉自己很酷！

对回家的路非常熟悉的两个小女孩儿勇敢地开始了自己的旅行。快要到家的时候，我们被邻居萨莎叔叔拦住了，他问了我们要去哪里，为什么没有父母陪着我们。当然，我和闺密没有什么好说的，萨莎叔叔只好带我们回去幼儿园。父母发现我们的“小旅行”之后，惩罚了我一个星期不准看动画片。连随时看动画片的自由也失去了，太惨了！

第三块，“禁果”分外甜。

几乎每个七八岁的女孩儿都想象自己是个小仙女或者小公主，但是我不仅想象过，而且试过一次把自己打扮成一个公主。

这个童年的画面我记得很清楚。当时我7岁，已经开始上小学。那天下午我一个人在家里看了迪士尼的“灰姑娘”动画片。美丽的灰姑娘给我留下了深刻的印象，甚至在我脑子里引起了一个冒险的决定——“我也要做一个公主，为什么不呢？”

我找到了母亲的珠宝盒，把每个闪闪亮亮的饰品都戴上了，试穿了每双高跟鞋和所有的连衣裙，但最重要的也是后来令妈妈愤怒的是我找到了她的化妆包。哇，好幸运！那时候对我来说，妈妈的化妆包是一个“禁果”。众所周知，禁果分外甜。我忍不住了，对化妆包进行了审查之后发现了一瓶新的香水。当然，我下了决心打开小瓶子。看着容易做着难！当我很费劲地打开了盖子的时候，精致的小瓶子从我的手中滑出来落在沙发上，然后滚在地毯上。香水几乎全部都流出来了。

后来我才知道，原来这是一瓶法国的香水。父亲好不容易买到了这个品牌的香水送给了妈妈。我的母亲发现香水的事故之后感到多么伤心，连生我气的力气都没了。后来在很长时间内，房子里还充满着淡雅的香水气味，而妈妈的化妆包我连碰都不敢碰了。

第四块，跟妈妈度过的夜晚。

那时候我才 8 岁。一个西伯利亚酷寒冬天的夜晚。外面的风不停地呼啸，白桦树的劈柴在俄式炉子里时时发出噼啪声，而我和妈妈在奶奶的农村房子里就像在一个舒适的小窝里躲一躲。我和妈妈穿着奶奶亲手编织的羊毛袜子和毛茸茸的睡衣。去睡觉前我们在厨房一边喝茶一边愉快地聊天。天气多么冷，外面多么可怕，可我都无所谓，只要妈妈在我身边，我就变成一个胆大包天的小女孩儿。

睡觉时间到了，我爬进被窝，祝妈妈晚安，她用另一个厚厚的被子盖在我的身上，把它掖好。快陷入甜甜的美梦中之前，我跟妈妈分享自己的秘密，让她保证一定会保密。妈妈轻轻地亲吻我的额头后，我立刻就睡着。

虽然这是十几年以前的回忆，可仍然历历在目。我长大了，不再是个孩子，但是为了再一次跟妈妈度过一个晚上，甚至一个小时，我愿意付出任何代价。可悲的是，这只是永远不可能实现的梦想而已。

我最喜欢的作家之一法国的圣－埃克苏佩里在其著作《小王子》中写到一句话：“所有的大人都经历过童年，尽管很多人都忘了这点。”我的确再同意不过了。童年是人与人之间的相同点，无论我们来自哪个国家、信仰什么宗教、肤色如何，我们还是童年王国的公民。

与此同时，令我伤心的是童年这个时代分为两种——幸福的和不幸的。在我看来，这也是人生中最大的不公平。因为世界上没有一个应该挨打受饿、被父母抛弃、不知舐犊之爱的孩子。那为什么在各国存在那么多福利院和孤儿院呢？这是社会本身有大毛病的征兆，我们对此绝对不能视而不见，听而不闻。我希望每个人如果有机会的话，都尽量帮助那些遇到困境的小孩子，为此只要做小事儿就好。你可以通过慈善机构捐赠衣服、玩具、文具、图书等，以这种方式给予孩子们你的关爱和温暖。这些小事儿后来也可能会改变一个孩子的人生，而这已经是大事儿了，甚至一个喜事儿了。随之而来的结果是世界也会变得更美好一些。

我想借此机会用自己的随笔提醒大家，只要心里的小孩儿还在，童年便不会结束。因此，一定要呵护这个孩子，时不时允许他淘气，也回想金色童年，以甜蜜蜜的回忆来暖暖自己的心。这样做才能够保持一颗永远年轻的心灵。

齐老师点评（2020 年 6 月 5 日）

或许梦琪同学这篇关于“童年”的随笔是我读过同样主题作文中最好的一篇：文字美，情节好，有哲理。

你把自己的童年像蛋糕那样切成几块分享给大家，至少说明你的童年是甜美的。

文章开头你引用了托尔斯泰的话，记得他还说过："幸福的家庭都是相似的，不幸的家庭各有各的不幸。"这句话也可以用于表述不同人的童年：不幸的童年有不同的不幸，有物质的——那些缺衣少食的，有精神的——那些家人离异的……

我们每一个人的童年就如同树苗，被栽得正则正，被栽得偏则偏，你的童年非常幸运，是正和直的——这特别要感谢你慈爱的父母，而有些人的童年则在挣扎中求生。

童年美好之所以值得赞美和讴歌，是因为身处童年期的人是被动的，几乎没有选择能力，人只有在成人之后才逐步开始自己做主。

被动的美好来之不易，算是上天的恩赐，既要感激父母，也是靠了运气。

希望且行且珍惜，把它——那份童年幸福，传递给自己的后人吧。

随笔：对我而言生活是什么

吴喜锡（韩国）

随笔摘录

在上次的随笔作业中，我为自己的幸福做了定义。这次我想写一下关于自己“人生”的价值观。人生的概念太庞大了，不知道从哪里开始写，但首先要写一写我本人所思考的人生。

我从高中开始读了很多关于人生的书。我思考了一下，当我把人生看成第三人称时，我将给予我唯一的人生什么样的价值?

当然，与其他老人相比，我生活的时间相对较短，谈论人生或许还早，但谈到人生，大家有一个共同的想法。

只有对自己的人生进行回顾，感受人生中的许多经验，树立自己独特的标准，或者通过这段时间的学习，用信念或思想来填满自己的头脑，才能实现人生的意义。

齐老师点评（2020年6月6日）

首先我要说："向你学习了！"

在你那个年龄我也看过很多关于生活意义的书，但我没能力像你这样以"基因"为主轴，先把跨度那么广泛的所有知识连贯起来。然后做成了一个几乎能自我循环的关于"生命目的"的认知体系。

印象中你好像是第一个这么做的人。

哲学喜欢用"体系"解释问题，尤其是德国哲学，你的这个"基因论"可以进一步扩展成一部书，即便有些环节逻辑因果关系不十分严密，但"体系"的结构是有了，或许——至少我认为，应该能够成为一种新的哲学。

我达不到你能够把诸多因素——生物的、经济的、上层建筑的、宗教文化的等一系列概念落实到"基因"并以"基因"为核心概念理解生活意义的水平，但喜欢读哲学著作的我从你这篇文章中读出了东方人本不太擅长的抽象思维、深度思考并大胆构想构建的超凡能力。

希望早日看到你的哲学大作"生活的目的——基因论"。

你说的"基因"我理解是人类的繁衍和物种延续的需求。正如你说的，我们投生到这个世界并不是自己的选择，从物种传承延续的需求来看我们只是"工具"之一。不仅是人类，地球上所有动物植物甚至"精神""思想"的继承传承都是同一个模式，这有点像"新型冠状病毒"病毒，离开了"宿主"它们就无法继续存在，而我们作为一个渺小的肉身，就是“人类”这个种群和概念得以继续的几十亿担当者之一。

除了上述的生物意义，其次就是你所说的除了基本生存之外一系列“锦上添花”成分：教育、财产、形象、尊严等。

也正如你说，能给这些因果关系“合理性解释”的还有各种门派的宗教。

我认为你的这篇大作带给人的愉悦并不完全是你得出的结论——或许统一的结论永远没有，而是你这么年轻就一边生活一边苦思冥想，为自己的生命做出能说服自己的解释的努力。

有的人活了一辈子可能也没仔细想过这些，更何况“想通、想明白”了呢？

“人生的意义究竟是什么？”

准确答案或者没有，或者有但不完全，或者即便有了对自己有说服力但不能说服别人。

但活着并思考着是作为“高等动物”的“标配”，这一点是没有疑义的。

随笔：不要考虑那么多

金涛煐（韩国）

随笔摘录

前几天接到了大哥（退伍之后我一直都这么叫他）的短信之后，我按捺不住高兴的心情，也很想知道他工作的情况和平时生活，就给他打了电话。不过通话的时候他居然跟我讲，他早就辞职了，一直在追求自己的梦想——从事能帮助家境贫困的孩子们的公益事业！他说，其实他辞职的原因非常简单、单纯，就是因为他在工作的过程中从来没有得到过“幸福”。他还跟我讲，他认为人生只有一次，追求自己梦想的时间不多，所以他不愿意把一去不复返的青春浪费在自己不喜欢的工作当中，于是他非常勇敢地往自己想要的道路走过去了。最后他还说了这几天在我脑海里一直徘徊的一句话——“当你站在岔路口的时候，你周围所有人谁都不知道哪一条路是对的。这里没有答案，不要考虑那么多，一定要相信你自己的判断。”

我这两天一直在想他跟我说的这句话意味着什么呢？在选择自己人生方向的过程中，为什么我们应该具有“不要考虑那么多”的想法呢？

我对他那句话的理解是这样子——有的时候，思考了很久、考虑了非常多的因素，但是还是没办法做出最好的选择。我们当然可以听取别人的意见，也可以参考他人的经历，但是如果你还是不知道到底该怎么做，那怎么办？我觉得吧，在这种情况下，我们应该想起中国的一个成语“顺其自然”。这并不是做决定的时候，我们要避开和躲避的意思，而是只要你对这个选择有信心，相信你自己的判断的话，就可以保持平静的心态，更勇敢地闯进自己的目标。

当年我离开韩国去中国留学是我自己的选择。在做这样的决定之前，我也考虑了很多，也问过周围好多人的意见，但是依然没有找到答案。但是我很相信我自己的判断，所以最后我决定去中国。现在我每天过着幸福的生活，我对自己的生活非常满意。我想，如果当时我像解数学题一样，一直在寻找“答案”的话，今天的我肯定不会存在的。

现在的我也有一个小小的梦想，我希望自己能够成为中韩两国之间交流的桥梁。我喜欢中国的传统文化，尤其是对戏曲、文化遗产以及文学作品很感兴趣。我经常听很多戏曲，也经常去旅行，亲自探访了许多文化遗产，我还热爱阅读中国文学作品。但是很多韩国人都对这些不怎么感兴趣，甚至不知道它们的存在，我每次都感到十分可惜！所以我每天都在研究给“之前没接触过中国文化的外国人”介绍中国文化的好方法，同时也正在研究给对韩国文化感兴趣的中国朋友们介绍韩国文化的方法。我为什么想做这样的事情呢？就是因为我喜欢，我在这样的过程当中能感到快乐和幸福，能找到我人生的价值。

得到人生道理的方法很多，有的时候为了那个道理我们付出了很多的努力和时间，结果还是得不到。但是有的时候我们在平时生活当中可能会非常偶然地，突然一瞬间就感悟到无比宝贵的道理。我非常期待在以后的生活当中，我又能碰到什么样的人生道理，又能得到什么样的启发呢？想到这些，我的心怦怦地跳个不停！

齐老师点评（2020年6月7日）

看完小金同学这篇随笔，第一个想问的问题是那个放弃大公司高薪去做公益事业的“大哥”后来怎么样了？他还在坚持做公益吗？

因为你那位朋友的经历我也有。凭我自己20年的商业职场经历，我觉得他那么快地离开“大公司”有些欠考虑，可能是因为他不喜欢那份工作，但仅从“公益”的角度来说，他对“公益事业”的理解可能有些狭隘。

商业本身也是“公益性”的工作——不是直接而是间接的，因为企业盈利后要纳税，政府一部分公益事业的财政资源就是从企业获得的税收。另外，商业做好了还可以增加就业岗位，这也是间接的公益事业。

我自己的“职场经验”是通常在一份工作的“好处”还没完全对你展示出来之前不要轻易放弃，最好的“跳槽时机”是进入公司的两三年之后，那时候你就知道自己是不是真不喜欢那个单位了。再说你的履历也要保持相对完整，一般公司不会录用频繁跳槽的员工。

当然，以上经验或许是互联网时代之前的，但我还是想说出来，希望给未来去公司工作的同学提供借鉴。

能把喜欢做的事业和生存需求结合起来是人最理想的生活状态。小金同学喜爱中国文化，盼望你早日实现自己的“韩中文化使者”梦想。从这篇作文行文脉络清晰和用语完美无缺来看，我觉得你一定会成功！

诗歌：你是艺术

董妙（美国）

你是独特的，
你是艺术，
在你的心中刻下伤痕，
这可能是最艰难的痛苦，
但也会有很多收获。

让你的梦想成为指南针，
向他们展示谁更坚强，
保持坚强并保持真实，
生活没有那么残酷。

让天空成为你的极限，
创造自己的道路，

不要在黑暗中迷路，
让光来驾驭。

风暴和问题可能令人恐惧，
但是生活可以带来更多，
让龙卷风成为你的向导，
让雷雨成为你的光，
我的朋友，请不要害怕，
我知道你有多努力。

齐老师点评（2020年6月10日）

这是作品中为数不多的诗，因此点赞。

几个比喻用得好。

一般评论诗，首先是凭感觉看它是不是诗——看这一首，结论是肯定的。

然后再想想，诗人想表达什么？

是艺术？是从事艺术的人？还是把人象征成艺术？

好像都是，也好像都不是，因此我断定：这就是诗——诗表现的，就是不确定的感情。

诗歌：“伟大的”美国

董妙（美国）

哦，你能不能看见，
（被催泪瓦斯弄瞎，）
透过一线曙光，
（当我们躺在大街上时，透过我们的尸体袋发光）
我们对着什么，
（你是说白人至上吗？）
在黎明的最后一道曙光中发出欢呼的声浪？

它（国旗）的上面的宽条和明星，
（它们从来不属于我们）
冒着一夜斗争，
（奴隶鞭打，私刑和强奸的斗争）
依然迎风招展，

（眼泪从我们脸上流下来）

在我军碉堡上？

火炮闪闪发光、

（和我们的骄傲一样明亮）

炸弹轰轰作响，

（人群尖叫着“黑人的命也是命”！）

它们都是见证，

（如果我们能走到那一步）

国旗安然无恙。

（很遗憾。）

你看星条旗不是还高高飘扬？

（传播着仇恨和种族主义）

在这自由国家，勇士的家乡。

（这自由国家，还是死者的国家？）

董妙：在诗歌中，我试图把美国国歌的翻译和回答句子结合起来。回答的句子是关于“Black Lives Matter”的问题，以及这个国家对他们来说意味着什么。

齐老师点评

首先，想向所有正在街头追求正义的美国人民致敬！

民族双重危难（新型冠状病毒、种族纠纷）面前，还有那么多人冒风险追求正义和公平——包含所有肤色的民族。这样的国家，值得人们敬佩。

从没有严重问题的社会——因为社会是不同人组成的，何况是美国——一个由全世界多个民族构建起来的年轻而独特的国家。

因此，美国永远不可能完美无瑕——这和地球任何一个国家没有什么不同。

不同地，也是在灾难中还有希望的，是那里的人们正在为公平和正义，团结在一起——拼死抗争。

这，就是正义康复的福音。

小说：星期五

东方明（埃及）

小说摘录

星期五

你站在门口，正在用左手从裤子的左口袋里掏着钥匙。两秒钟掏出了一把拴着一个小的蓝色瑞士军刀的钥匙。就像平常一样，你把钥匙捅到钥匙孔里，不耐烦地开着门，想赶紧趁没有邻居路过你房门前快点进屋。“咔”一声，门开了。你提着从外面买的一袋子东西进来。有点暗的屋子和发着光的窗户形成了对比，窗户上趴着你的爱猫。它懒懒地抬头看了你一眼，又继续盯着窗外。“看来你还不饿。”你对它说了一句，然后走到卫生间去洗手和脸。

10 分钟后，你已经把电脑合上，刷完牙、洗完脸了。你拿着手机进了卧室，你家猫也跟着进去了。你摸着黑把台灯打开，房间亮起了晕黄的光，看起来还算温暖。

你趴在床上，拿起手机玩起了游戏。猫咪看你终于躺下，它跳到床的另一边，趴了下来。你摸了它几下，又继续玩着手机。

手机上的时钟显示着早已过了12点，你眼睛有些酸涩了，你的猫也睡着了。你决定也睡下吧。调整好姿势躺好。伸手把台灯关掉。房间又进入了一片黑暗。

齐老师点评（2020年6月12日）

这篇作品很到位，是一个小说——即使里面没什么故事情节，就是记录“你”（其实是“我”？）周五晚上怎么消磨时间，但写得很细腻和真实，在平庸细节之中有张力和内向的冲动。

文风有意识流的味道，但沉稳而不漂浮，叙述不紧不慢，不慌不忙。

这篇作品的亮点在于作者使用的第二人称“你”。假如这个“你”就是我，就是自己，那么你写得很不错，因为你（作者）用旁观的视角观察和描绘自己——“你”，有点像对着镜子中的自己作画、给自己写生。这和直接用第一人称“我”表现自己的生活不太一样，前者更内向，后者视角更宽、更客观。

小说：我们所创造的自己

静璇（马其顿）

小说摘录

西班牙，巴塞罗那 2020 年 3 月

玛利亚是位律师，在一家大律所工作。她每天在 5 点前开始自我反思和瑜伽，这是她欢迎新一天到来的方式。吃着早餐，同时准备着当天的工作安排，她翻阅了已几个月没进展的案子。案卷夹井然有序，她今天又被看过几百遍的文件搞得茫然无措。她知道自己的分析肯定没出岔子，因为每一位证人都是她亲自询问过的。不过没有进展意味着她又得向上司反映。她每次折腾好长时间，最后才鼓起勇气，小心翼翼地跟他讲出话，似乎是因为她自己做得不够好。上司人很严谨，她说完了又觉得她没解释清楚，导致上司不耐烦地让她赶紧回去整理并转身再也没有理她。

从领导的办公室走出时，玛利亚本来的恐惧突然变为绝望与低落，自己又一次怪自己没有做到让领导理解，没有跟他解释清楚。

手机突然响了，是她交往三年的男朋友，发短信说这周也见不到面，临时安排他继续待在上海出差。

她立刻回了：“好。别太累，爱你。”

童年

童年，是一个人人格的发源地。快乐、温暖、安全的童年，会奠定人乐观、积极、开朗的性格底色；而悲伤、孤独、恐惧的童年，则奠定人悲观、消极、自闭的性格底色。前者，童年积蓄的能量涵养人的一生；后者，人的一生都在弥补童年的缺失。

然而，童年对人性格的影响，只是理论上的，或者说是一般意义上的。有少数人，由于自我意识觉醒较早，即使有不幸的童年，他们依然保持了乐观的性格。

我们说童年很不幸，但这些不幸不能阻止我们成为一个坚强明亮的人。这说明，我们是一个较早就具备独立思考能力的人。我们的独立思考，让我们知道什么是对的，什么是错的，最后选择站在正确的一边。

我本来不想写鸡汤。我相信无论人有多少次听到励志的话，最后还是会按照自己的习惯去做。改变不易，但是不试图改变更痛苦。

齐老师点评（2020 年 6 月 12 日）

这是一篇诉说“童年阴影”——这个沉重话题的小说。时间布局安排跨度很大——从现在（2020 年）到过去（2000 年、2005 年）再到未来（2022 年），展示了主人公玛利亚有些不安的现状、被父母纠纷困扰的童年和对未来平稳生活的期待。

无疑，少时父母的矛盾给玛利亚心理上留下的创伤是难以治愈的，她两年之后不得不做心理咨询，遇到一位心理咨询师和内心伤痛疏导者。作者在文章结尾处不用小说笔法，而从理论上直接议论童年不幸经历和人生跌宕之关联，有些情不自禁、不吐不快之感。

俄国作家托尔斯泰的小说《战争与和平》《复活》都采用这样笔法——用讲故事开头，以伦理宗教抽象议论收尾。

看来，写小说只是手段，作家想说透点什么道理、表达内心诉求，才是文学的实质。

随笔：亲临其境

大勇（法国）

对我而言，最“完整”的人不是那些在物质或职业上得到成功的人，而是那些能够旅行和解放自己思想的人。一个只有家庭、孩子和房子的人不能被认为是“完整”的。他总是以同样的方式看事情：要么是黑色的，要么是白色的；要么是好的。对他来说，在他的眼中的世界就是存在的唯一一个真实世界。这种目光如豆的人不会考虑其他世界观。他的生活将缺乏诗歌、幻想等扩大想象力的事情，他也不会在地平线后看到世界的美丽。对我来说，我们只要旅行才可以享受及收到世界的美丽。我这儿不仅讨论自己去旅游，而且也讨论心灵之旅行。我还记得法国诗人拉马丁对这个主题说了这样的话：“没有人比一个经常旅行的人更完整了。”我非常同意他的看法。我认为身体和精神上的旅行在一定程度上造就了我们的一部分。

精神之旅是一个逃避一会儿真实的好办法，我觉得这种旅行对心理有一种不可否认的解放作用。一本书、一部电影、一首歌等作品能够让我的灵魂来到想象中的、精美绝伦的地方。有的使我忘记一些实际问题，如科幻书与电影。《哈利·波特》这样的书能把我的精神带到有魔法存在的世界。在这个拥有超自然力量的人和梦幻般的野兽的世界上，我感觉到自己生活在梦幻世界中。我通常听说科幻故事只是为年轻人写的，但我认为，无论是青年人还是老年人，我们对这些梦幻世界都有好奇心。我甚至发现，这些奇妙的故事对我现在的影响要比我小时候还大。这些故事会让我忘记成人生活中面对艰难时刻的压力。有时候，我甚至会幻想科幻书中的我将如何改变这个世界？如果我梦幻般地拥有主人公的超常能力，我该怎么办？今天，作为成人的我发现了小说中的魔力，我想告诉读者们，每个人都有可能以自己的方式，在一定程度上改变这个世界。对我而言，这就是文学最强大的力量之一。

在法国文学中，充满寓言的书籍伴随着我的学习，几个关于梦想的陌生性的小说比其他科幻小说更能让我着迷。这些夸张的真理和离奇古怪的故事，让我从另一个角度看世界，就像鲍里斯·维昂的书籍。作者让我在一些荒诞不经的故事中游走，在“红草”的故事中，一位工程师制造了一台能够清除记忆的机器；在“岁月的泡沫”中，睡莲竟然象征着一种肺癌。这些例子表明，文学完全不受想象力的限制。

电影也可以对我们的思维产生巨大影响，并展示能改变我们对世界看法的故事。斯蒂芬·金的《绿里奇迹》是对我的世界观产生重大影响的奇幻电影之一。在这部电影的故事中，一个身材高大健壮的黑人在两个死亡女孩身旁的犯罪现场被发现了，他被指控谋杀并被判处死刑。事实证明，这个人具有治愈伤口和吸收疼痛的超自然能力，这个充满仁慈的人就像一个神。这部电影谴责种族主义以及它对人类可能犯下的严重错误，使我深受感动。将思想沉浸在这样的故事中，会使我们对人类的恶行睁开眼睛，并让我们对别人更加谦虚。这些作品使我意识到，导演、作家和其他艺术家的想象力正是创造更美好世界的灵感之源。

音乐也可以让我旅行，波萨诺瓦或桑巴的气息将带我回到童年的巴西，而古筝的声音使我想起了我从桂林到昆明的第一次华南之旅。对我而言，音乐之旅反映出诗意的一面，歌曲是否有歌词都没关系，旋律总能将我的思维带到远方。一方面，当音乐对我来说很熟悉时，它带我回到了我第一次听这种音乐的时间和地点；另一方面，如果这种音乐来自一个我从来没去过的地方，我也能想象自己置身于这种音乐的世界中。这样，我可以让自己的精神前往秘鲁、印度、墨西哥、土耳其等我从未参观过的许多国家。从这个角度看，音乐就像一架可以抵达无数目的地的飞机。

当身体无法移动时，所有这些手段对于让我们的思想在各个国家中通行至关重要。目前，在国家关闭边境的时候，书籍、电影、音乐、艺术以及新技术是我们去国外旅游时，唯一能够搭乘的航班。

不过，不可否认的是，个人旅行会留下最深刻的印象。至今我拥有过很多旅游机会，对此我感激不尽。旅行让我拥有如此多的激情和兴趣。我第一次离开法国去国外旅行时，去了父亲在巴西的家庭住宅。在这个地方的每次旅行总是让我想起童年：杧果树的气味、花园背后山峦的景象、森林巨嘴鸟的歌声、皮肤上热带雨林带来的潮湿感，都是我只有待在家乡才能感受到的元素，所有的感官都在催我回家。还乡之旅令我发现，没有比怀念和对自己根源的爱更强烈的感觉。

除了回忆，具体旅行还带给我们难以置信的发现。这些时刻都是终生难忘的独特经历。其中，我曾有一次特别难忘的旅游经历。在 2018 年的夏天，我和母亲一起去伊朗走访好朋友的家族。与他们在一起的时候，我总是惊喜地接受主人的热情款待。吃饭时，他们烹制了堪比国王的饭菜。白天，他们带领我们参观该地区的奇观，确保我们受到最好的款待。简而言之，这些与我建立牢固关系的朋友，为了让我们爱上当地的传统和文化做出了巨大贡献。除了美丽的风景、友好的本地人和美味的特色菜，我在那边也感觉到了伊朗历史和文化的紧密联系。宗教圣殿的美丽令我无语，我甚至需要揉眼睛，才能觉悟眼前是真实的奇观，而不是梦幻。在这次旅行中还有其他不可思议的时刻：我听见两位伊朗朋友在山洞篝火前弹吉他，享受着传统婚礼的欢乐气氛，甚至尝试用一种没学过的语言，向海滩上一群好奇的人描述我的国家。在听民间音乐的同时，我还在山上野餐。我认为正是这样充满仁慈和热情的旅程，才使一个人快乐。对我来说，这次伊朗之行的经历向我证明，世界上充斥着非物质的财富，能够充实我们的幸福生活。

我认为，对于那些知道如何欣赏事物和人的真正价值的人来说，每次旅行都是一堂人生课。伊朗之旅教给我不要相信媒体及大部分人对一个国家的判断。最可靠的是亲身体验，而不是别人的梦话。

我的柬埔寨之旅无疑是此生中第二次给我留下深刻印象的旅行，因为它教会了很年轻的我另一个基本原则。那个时候我才 14 岁，对吴哥窟的美景感到惊讶。有一天我和家人一起去了吴哥窟附近的一个村庄。在那里，我进入了一所孤儿院，里面挤满了和我同年龄甚至比我小的孩子，他们热情地欢迎我们。我看到一个孩子在持续对我微笑时，流下了几滴眼泪。导游后来承认，这个孩子像许多儿童一样，很想成为我们家庭的一员。那天晚上，我为人类并非天生具有相同的机会感到难过，但是这种情况也使我意识到，我必须珍惜自己的运气，以后要尽一切努力帮助这些孩子。在那之后，每次我必须通过考试时，总会想到是为了他们争取成功。如果我们更多地考虑支持这些孩子，世界会变得更好。

当我看到今天仍然存在的、不能容忍的不公正问题时，我都会想到，世界上应该有更多人接受旅行的开放性。对我而言判断他人之前，一定要亲自体验一下他们的生活，才能真正理解他们。

齐老师点评（2020年6月14日）

大勇同学这篇大作差不多是本学期我欣赏的最后一篇作业，十分巧合的是里面写的可能是大家想说的，最起码对于我来说，是这样的。

即便你的这篇作业中有许多“外国语”的痕迹，但里面想说的道理似乎不用语言的正确就可以准确无误地传达。因为假如人类之间的感受相同或者相似，语言就变为次要的了。

从年初的哈萨克斯坦阿拉木图之行，到巴西、伊朗、柬埔寨之旅，大勇是个真正的“读万卷书，行万里路”的践行者，而你巴西、法国、加拿大（求学）的“多故乡”、多语言的天然“多元文化”背景，使你天生就拥有南美的浪漫、北美的冰冷、欧洲的文化厚重等别人几乎不可能奢望的“全球性情感”。再加上中华文化的陶冶，你的这些“集约优势”是人生最大的“天赐财富”。因而你的视野广阔、爱心满满，能见常人不能见、想常人不可想。你笔下的人和世界也与众不同，既有阿拉木图山顶上俯瞰大千世界的风云变幻，也有柬埔寨贫困儿童之悲惨世界。

旅行能开阔眼界、打破偏见，这没错，但人的旅行所见和地球之大相比永远只是局部的窥探。一个人可以游遍全球所有角落，但假如没有博爱之心和敏锐感受之能力，也是两手空空和一无所获，但这种忧虑与大勇无关——你是个真正的“世界主义者”。

小说：咖啡味儿

黄伟松（柬埔寨）

夏天到来，整个世界都发热。本次暑假，亚历没有考虑到自己的安全，而马上离开纽约去了一个地方，以缓解压力和逃避大城市的气味。那个地方是一个又穷又小的国家，位于亚洲的东南，叫作“柬埔寨”。为什么去柬埔寨？亚历今年35岁了，他在美国的一家金融公司是一位认真的业务人员，长得还行，性格开朗外向，刚跟前女友分手，目前单身。除了同事，他并没有什么叫“铁哥们”的朋友。反正连一般的朋友，他也不怎么有。在纽约的生活，这也算是正常的，他的生活虽然很忙，但却让人觉得他很寂寞。

飞机落地，签证办好，一离开机场，他二话不说就马上要去车站。让人更加诧异的是，他想去的地方并不是什么柬埔寨的首都、吴哥窟或者海边，而是离柬埔寨首都最远的地方叫拉大拿基里省。柬埔寨最大的城市本来对美国人来说都已经是农村了，如果去柬埔寨最偏远地方的话，亚历是不是想体会历史上最早的穴居人的生活呀？其实，柬埔寨这么小的国家，想去哪儿也都不碍事，连拉大拿基里省最偏远的地方也只不过距首都500多公里罢了。再说，那里也算是柬埔寨的旅游之地，平时有游客，但大部分都是喜欢探险的西方人。

抵达拉大拿基里省，从来没有离开过美国的人应该想象不到这里的生活情况有多差，这里的环境有多奇怪，又脏又不方便，并且没有公共交通的服务。但亚厉却好像在享受此刻，满面春风，一直笑微微地欣赏这个地方，好像回到了自己很熟悉的地方似的。拉大拿基里省不光偏远，而且也是柬埔寨具有最多的少数民族的地方，有山有水，有野生动植物。亚厉虽然在美国被认为长得还行，在这里却被认为是个美男子。亚厉的目的是要花6天的时间去爬山、游泳、去森林、参观少数民族的小村。

6天的时间快要过去了，亚厉本来一直寂寞、枯燥，却突然眼睛变清澈、脸色变生动、精神变饱满。亚厉用剩下的时间参观少数民族的小村。他一进去，小村里的人们就目不转睛地看着他，好像从来没有这么帅的男人经过他们村似的。他的美丽让整个小村的人羞羞答答。村里的人，一看就知道是少数民族的样子，他们的生活非常简单，房子里面好像什么都没有。平时，他们吃一种绿草、大米、玉米或者野兽的肉。下午4点，亚厉走来走去，花了三四个小时的时间，他觉得很满足，准备离开了。他向大街走去，离村子较远，突然发现一种熟悉的味道，咖啡味儿？怎么回事？这种偏僻的地方怎么会有这种咖啡的香味儿呢？他好奇得马上向那个味道走去，发现自己的前面有一个小屋子。屋子里面也跟其他的屋子一样，几乎什么都没有，却有咖啡的香味儿和一位少数民族的小伙子。

这位小伙子叫大然，今年22岁，长得跟其他少数民族不太一样，他长得比较高，年轻力壮，看起来聪明伶俐、辛勤劳动，性格也比较友好，心地纯洁。当他16岁的时候，他在拉大拿基里省唯一基督教的教堂工作。他的工作是打扫、做杂工，直到他在21岁的时候，教堂里的牧师回国之后，那个教堂就没有新来的牧师，然后就关门了。大然也开始做他可以做的工作，就是帮别人守护咖啡园、剪草除根。在基督教的教堂工作6年的时间，他的英语很拿手，但是无论再多拿手，他也当不了英语老师，因为他只会说话而已，何况他还是一位少数民族。

当大然看到亚厉时，他很善良、友好地接待亚厉。亚厉也很吃惊，他发现大然的英语那么流利。大然停止泡咖啡了，出来陪亚厉聊天，但亚厉却好像拿大然当老朋友似的，想进去大然的屋子里看看大然泡咖啡的过程。大然也热情地对待亚厉，他跟亚厉握手，肩并肩走进屋子里。

大然泡咖啡的方式非常辛苦，他用来泡咖啡的仪器都是很基本的。不管怎么看，大然真的很有男人味，他的动作虽然很慢，但是让人觉得很帅。他一边泡咖啡，一边笑，也一边跟亚厉聊天。大然想开一个卖咖啡的摊子，虽然这并不难，但是大然做不到，因为平时少数民族不怎么喝咖啡，柬埔寨人又不会向少数民族买咖啡，所以他不觉得自己的梦想能实现，但是他还是愿意保持这个梦想。他用一种炒菜的锅炒咖啡，然后用一种打碎东西的机器来磨咖啡豆，直到变成咖啡粉了，他就用传统壶和白布冲咖啡。他倒热水，然后将蜂蜜倒进去。看来，他泡咖啡的方式虽然很传统，但是咖啡的效果不言而喻肯定好喝。亚厉虽然每天都喝咖啡，但他从来没注意到咖啡会用这种方式来泡，也从来不知道咖啡可以跟蜂蜜一起喝。他很期待喝大然泡的咖啡。大然泡好了就用竹子杯端咖啡递给亚厉尝一尝。当亚厉在尝试喝大然泡的咖啡时，他先慢慢地闻了闻咖啡味儿，他觉得自己很幸福，这次旅游真的不是白来的。

他闭上眼睛开始喝咖啡了。当他喝了一口，亚厉感觉到自己好像回到25年前，他有家人的陪伴，有在学校的朋友陪他玩儿，无忧无虑地过日子。当他再喝了第二口，亚厉好像感觉到未来，社会的发展、稳定的工作、温暖的家庭。他开始睁开眼睛，把剩下的咖啡慢慢地喝完。亚厉从来没有喝过这么好喝的咖啡，不甜不淡，不浓不淡，完美。喝完咖啡，大然还带亚厉去逛逛他工作的地方，就是咖啡园。从来没有人对亚厉这么热情、这么善良、这么好。在逛咖啡园的时候，亚厉常常看到大然很开心，好像他每天都享受自己的生活。大然的行为，大然的笑容真的让亚厉很羡慕，一种奇怪羡慕的感觉，不知道是自己也想有这样的生活，还是想跟这样的人在一起的生活，慢慢地，亚厉对这位小伙子产生了“不正常”的感情。

时间不早了，到亚厉离开的时间了。因为他明天晚上要飞回去，所以明天早上他要离开这个地方了。亚厉觉得很可惜，没有再多留下跟大然聊天，他觉得跟大然在一起的时刻太短了，真舍不得离开，但没办法。亚厉要了大然的联系方式，但大然连手机也没有，因为他平时没有跟什么人联系。大然笑嘻嘻地跟亚厉说：“没问题，有缘千里来相会，很高兴认识你！”这句话让亚厉很感动，感动到他突然拥抱大然，甚至给了大然一个吻。大然觉得很意外却没有让对方发现自己的感觉，大然还是微笑地看亚厉，跟亚厉道别。亚厉跟大然说：“请等我，我很快就会回来。”

回到纽约以后，亚厉开始了新的生活。现在的亚厉跟以前不一样了，他开始有一种莫名其妙的希望。他不再让人觉得跟以前那样寂寞了，他每天都很积极地过日子，每天都闭上眼睛喝咖啡，幻想自己在喝大然泡的咖啡，享受生活。他不管闻到什么咖啡味儿，都觉得自己很幸福。大然的笑容、大然的男人味、大然泡咖啡的行为一直都在亚厉的脑海里。

三年过去了，其实亚厉一直想找时间再去柬埔寨，但他的工作也一直很忙，业务人员嘛！有假期和没假期几乎是一样的。但是这次的夏天，亚厉必须要回去柬埔寨，他本次的假期目的没有什么，就是去找大然。到柬埔寨的时候，亚厉觉得很吃惊，这三年的时间，柬埔寨发展得很快，人民的生活水平、公共设施、交通方式都升级了。他这次来到拉大拿基里省，并不是空手来，他还带一台小型的咖啡机呢。亚厉在这三年拼命工作就是打算投资大然开一家咖啡店，这样的话，柬埔寨人就不会再嫌弃买大然的咖啡了。

亚厉抱着咖啡机，向大然的屋子走去，发现这里的周围变了，也有其他几十个屋子住着人，让亚厉差点儿没认出大然的屋子。亚厉一直满面笑嘻嘻，脸色总是很浪漫，期待跟大然见面，给大然个惊喜。他心里想，当大然看到自己，看到咖啡机，知道投资的消息，他肯定会很开心。这个想法，当亚厉在离开柬埔寨的三年前，就已经开始有了。

走到大然的屋子，亚厉感觉这个屋子跟以前的屋子不太一样了，更大了一些，屋子里面好像是一个小小的杂货店。亚厉在远处慢慢地看到大然了，这个小伙子也变了，怎么回事？只是三年的时间而已。大然虽然还是大然，但是他好像没有三年前那么聪明伶俐、满面笑嘻嘻、心地纯洁了。现在的大然好像变得认认真真、小心翼翼。当亚厉走到大然的面前，亚厉还是跟以前一样，拿大然当自己的老朋友，热情、友好地跟大然问候，想知道他这三年来的生活。但是大然却跟以前不一样，他好像在回想这位老外是谁。他面无表情地说，他在三四年前好像见过几十个西方人，但是大部分都没记得他们的脸，因为他觉得西方人长得都一样。突然有人来大然的杂货店要买一些货物了，大然此刻也没再理亚厉了。亚厉发现大然的英语也没有三年前那么流利了，更让他接受不了的就是，大然已经结婚了，他甚至已经有了两个孩子。亚厉在大然的屋子前面站着，闭口无言、荒凉、发呆，他被几个少数民族的孩子围着瞪着。过了一会儿，亚厉就抱着咖啡机离开了。

齐老师点评（2020年6月18日）

伟松这篇小说绝对够得上是“优秀作品”，你的文章仿佛是用针线刺绣，缜密而不留疤痕，宛如“咖啡的味道”，清香而醇厚。

“咖啡味儿”串起来两个男子之间的友谊，不同国籍、不同种族，有偶然，也有必然，但没有结局。

述说的优雅，行文的通顺，建议你投稿，希望有刊物原文录用。

继续写下去——你是个当作家的材料！

小品：意志

米莉娜（保加利亚）

一位樵夫有两个儿子，每天去森林砍树他都带一个儿子帮助他，打下手。有一天，父亲安置好牛车之后跟儿子说："今天，你们俩自己去森林干活吧。我累了，要留在家里休息一下。"

听到这个消息，两个孩子都高兴起来，立刻把握帮助父亲的机会。他们出发的时候，第一个儿子回头问父亲：

"爸，如果车坏了呢，谁来帮我们修？"

"这个不用你操心。"父亲说道，"如果车坏的话，你们叫意志吧。意志会帮你们修理牛车。"

两个男生到了森林，释放了牛车的牛，然后开始砍树。两个男生很年轻，很有精神，砍了一段时间，车就满了。把牛车重新安置好之后他们又出发了，走上了回家的路。

不幸的是，回家的路太陡，牛车走下一个坡儿的时候，因为车太重，突然加速，而且加速到控制不了的程度。结果车撞了一棵树，然后牛轭坏了。两个男孩大吃一惊，不知道该怎么办。第一个儿子想起了父亲的建议，所以开始大声地喊叫：

“意志！意志！意志！救命，意志，我们需要你的帮忙！”

但没人回答。

“意志！”第二个儿子也开始大喊，“救救我们吧！”

除了他们的声音，森林里很安静，意志也没出现。

两个男生喊了很久。最后，天都黑了，小鸟都回巢了，月亮也升起来了。

“哥！”二儿子说道，“看来意志不愿意来帮助我们。谁知道它在干什么？或许在帮其他人，或许在某棵树下躺着。要不咱们自己修车吧。”

“怎么自己修车呢？”大儿子问。“不容易呀！”

“咱们周围不都是树吗？咱们再砍一棵树吧，然后用它雕刻一个新牛轭。”

说干就干。他们先找了合适的树，然后把它砍掉，开始雕刻牛轭。最终，把牛车修好以后，两个男孩终于成功回家。卸下柴火的时候，他们兴奋地跟父亲讲当天的故事。

“哎！爸，路上牛车真的坏了！我们听您说的，叫了意志，叫了很久很久，但它一直没来。可能在躲着我们了。最后，我们自己雕刻了新牛轭，而且比旧的要强好几倍！”

父亲说道：“孩子们，你们觉得意志真的在躲你们吗？我告诉你们，它一直在你们身边。帮你们修车的就是你们自己的意志。好好想一想吧，我知道你们会懂得的。”

《意志》是一个经典的保加利亚的童话。它的目的是让孩子有思索独立性，也想让他们更自信地相信自己解决问题的能力。原文的标题是“Неволята”，我想了很久，然后决定把它翻译成“意志”，它有类似的意义，但还是跟“意志”不一样。在保加利亚语里，这个词的意思很深厚，但同时也很具体。它的意思，像在童话里讲的一样，具体表示在艰难情况下，在完全没有其他人能替你解决问题的情况下，找到自己的能力，同时学习到新技术，自我成长。

保加利亚人经常说“Неволята учи”（“意志教育人”）。人到无法解决问题的时候，才真的学到以上童话的道理。我本人也是，小的时候一直有父母的帮助，一直依赖他们解决问题，尤其是依赖母亲。当时我完全不明白独立生活的概念。18 岁的时候我第一次来到中国，而且一个人来，没有同胞，没有亲戚，没有朋友。当然，我经历了很多困难，但是从这些困难中学到了很多，通过克服困难才掌握“意志教育人”的意思。

齐老师点评（2020 年 7 月 28 日）

语言真是很有意思，你用一个小故事来说明 Неволята 究竟是什么、用中文怎样说，似乎是“意志”，也可译成“神力”——外来的超级力量，但读完这个小故事以后，即便没有完全对应的中文词语，它的意思已经完全清楚了。

其实，每种民族语言都有很多类似 Неволята 的混合着某种特定概念的词语，比如汉语的“道”，基本无法对应翻译成别的文字，即便如此，把它们强行翻译出来还是很有必要的，因为至少人们知道它们的存在。

搞翻译和做其他事情一样，也需要借助 Неволята，才能取得成就。

散文：学习中文的故事

乐天爱（埃及）

我学习中文时间不短了，我的故事从2011年就开始了。高中毕业后，我并不想学习语言，但是在埃及进入大学必须由高中考试成绩决定你学什么专业。我的分数不够进入工程大学，我对自己说：“不能学工程专业，就学一门语言吧。”

我选中文的时候，就知道中文非常难学。但外国人会说中文的不多，所以这算一个大机会。

上课的第一天是我第一次听到中国人说话，第一次看到老师比我们更早地来到教室等我们。我看她在吃苹果，我们一般晚上不吃水果，如果吃的话，可以在家里面吃。这时候，我发现中国人很特别，他们跟我们有不同的文化。

第一年我的中文不太好，同学们都比我学得好。但是没有人像我这么热爱中国文化。从一年级开始，我唱中国歌曲，用吉他弹中国音乐，参与埃及中国大使歌曲比赛。但对我来说，学习内容还是很难。但从二年级开始，我努力学习，相信“先苦后甜，功夫不负有心人！”

有一天老师说：“谁通过HSK3级考试，谁就可以去中国留学一年。”

那时候 HSK3 很难学，不是所有学生都能通过，我参加考试只得了 180 分。老师说，想去中国留学一年的学生，HSK3 考试的成绩要超过 200 分。我知道自己不能去。但“谋事在人，成事在天”，那位 200 多分通过考试的同学，她父亲不同意让她去中国留学。于是，老师同意我申请奖学金去中国留学一年。

我感谢上天给我安排这个机会，也感谢我爸爸。他是很特别的爸爸，跟别人的爸爸不一样。我们是阿拉伯国家，很多人觉得不能让女生一个人去国外，但我爸爸没有接受别人的话，他使我有机会看外面的世界，让我有机会学习。

对我来说，最有用的学习中文的建议是老师给我们的建议。Mohamed Ali 老师说：“你们去中国学习一年是非常完美的机会，不要浪费这个机会，要用每一分钟提高你们中文，不要都在教室里学习，你们应该跟中国人沟通，因为学习语言是一个环境。书本知识在埃及也可以学习，但生活在中国的环境里只有一年的时间。”

在中国的时候，我按老师说的做了。我一边上课读书，一边跟中国人出去，我交了很多中国朋友，爱上了中国人和中国文化。我开始学习黄梅戏，那是一种有中国特色的戏曲。2014 年的青年节，华北电力大学选了我和其他外国人一起做晚会的主持人。在学习方面，我以 238 分的成绩，通过了 HSK5 级考试。回到埃及后，我三年级还没毕业就开始当翻译，一边学习一边工作。四年级时，我参加埃及汉语桥比赛，获得第二名。我在埃及和中国的不同行业工作了 5 年，我也有机会接待很多来访的中国政府代表团，帮他们做翻译。

我觉得自己和其他外国人最初都是来中国学习，但我们都习惯了在中国生活，并爱上了中国。所以我们现在说中文，不是因为它是我们的专业，而是因为我们喜欢和中国人沟通，喜欢和他们一起生活。

我感觉中文不仅是一种语言，中文还是需要让全世界了解的完美文化。

齐老师点评（2020 年 8 月 7 日）

尽管乐天爱同学提交作业的时间最晚，但你是在被新型冠状病毒严重困扰的开罗写的这份作业，它无比珍贵——正如中埃友谊那样。

乐天爱还是一个从业于实际翻译工作的同学，而且你对汉语和中华文化的喜爱是全方位的，希望北语两年的学习——尽管遇到了前所未预料的艰巨，能帮助你继续在翻译的道路上前行！

附　录

齐一民老师的上课情景札记

心怀天下大事，追踪新生词语

第一学期

（2019 年 9—12 月）

有学生开始《读书》了

2019 年 10 月 12 日

这是我在北语高级翻译学院第四年给外国硕士留学生们上“主题汉语讨论”这门课。

第一年是十几个学生；

第二年是六七个学生；

第三年是二十个学生；

第四年，一下来了三十二个。

这么多！

于是，我有点紧张。要调整方法。

昨天的主题是刚得诺贝尔文学奖的两位作家，今年是“双黄蛋”——由于去年诺贝尔奖委员会有人搞“性侵”，评选间断了一年。

难怪中国作家马原把诺奖说得一塌糊涂。

我给学生们在课堂上布置了几道思考题：

1．刚得诺奖的两位作家在你们国家是怎么被接受的；

2．你们国家的文学奖得主（如果有）在中国是怎么被介绍的——这显然是和翻译有关；

3．请从网上了解一下“最有可能得诺贝尔奖”的这四个作家的情况：残雪、北岛、余华、杨炼。

我上节课介绍我最喜爱的《读书》杂志，没想到一个女生真买了一本——她上节课提了一个问题：“老师，您爱用报纸当教材上课，报纸上的内容难道和网上的不一样吗？”

我说不一样就是不一样，一个法国男生也说不一样就是不一样。

但我昨天上课还是破例地打开了投影仪，从电脑上搜罗两个“新科文学状元”的铺天盖地的消息。

同时，我在黑板上写“文无第一，武无第二”。

那个女生又问这期《读书》上哪篇文章好，我说一篇是说鲁迅的，一篇是说《红楼梦》的。我说即便是中国人能读懂《读书》，也需要拥有硕士以上文科学位。那个法国学生说“是是”，说他读一本《读书》需很长时间。我说即便我读很长时间，也只能读个大概。

这样，我们班上，就有三个《读书》的读者了——两个学生和我。

我紧急定制了一桌“年度最时令世界文学大餐”！

2019 年 10 月 19 日

给学生布置作业后，老师也得做。我的作业，就是课堂笔记——想记录并小结上翻译课的梗概。

高等翻译，低调记录。

上周课还有一个“梗”来着。“梗”是个时髦词汇，不知用的合适不合适。

《环球时报》上周三（10 月 9 日）有篇社评：《美方谈判前的行动套路，中方已很熟悉》——那或许是胡锡进主编的亲笔。通常，在同一日英文版的 *Global Times* 的“Editorial”中，在同样的位置上基本都有一篇一对一的英文译文——中文稿子在前，英文稿子是其附属品，但那天的英文题目译法十分的特别：“Franktrade talks needed to solve tough issues”，它并不是一对一的翻译，因为再转换成中文，应该是“双方需要用坦率的交谈解决棘手的事由”——不一样吧，再细看英文的“社评”内容也和中文原文出入较大——把原文那些激烈、“带刺”的词语都省略了。

这个发现非常有趣，因为课堂上我常用《环球时报》社评做中英对照实例，从前二者基本上是 word by word——一个字对一个地被忠实译的。

是中文文稿中的“刺儿”变多了，还是出于“语言外交性”的考虑？

果不其然，诺奖谜底公布刚过两天，《新京报 · 书评周刊》上周六就把对两位诺奖得主的详细研究成果给大篇幅地整理出来——我的“宝”算是押对了！

在给报摊小陶发去“预留 32 份周六《新京报》”的消息前，我举棋不定，因为诺奖刚公布，已经是周四，离周六还有最多两天 48 小时，《新京报》来得及“搞”他俩人的材料吗？万一搞不成，我买了《新京报》，上面没有，那么下周六就还要再次买。周六版是我“御用”的中外文学“鲜活教材”，而我通常是每星期换一次报纸的种类。

即便犹豫不决，我还是押了《新京报》“专业、高效、权威”的“宝”，周六打开报一看，果然赌赢了——整整六大版面都是关于他们的内容，图文并茂，有介绍、评论、书摘、翻译……同时，还有莫言和勒·克莱齐奥（法国人，诺奖得主）两位的对谈——这是何等“及时雨”般的翻译文学教材！

之前一天，我还赌了一把别的，我在开奖前从“孔夫子旧书网”上花了 N 百元“抢”了一本“中国诺奖热门作家”残雪的签名书。我当然没赢，书拿到后从签名的笔记上看还可能是伪造的。之后，我在网上买了一本托卡尔丘克（诺奖女得主）写的《太古和其他的时间》以及彼得·汉德克（诺奖男得主）50 年前写的《骂观众》。第一部两天就到了，《骂观众》本周五上午（下午上课）才姗姗来迟。好笑的是，当我想催促卖家快发货时，发现在《骂观众》一大串样书下面，每本都有个“大印”——“预订！”——国人都人来疯吧。

而且还贼高兴被破口痛骂嘞！

以上的“教材准备”无疑保障了昨天课堂内容的“与时俱进性”——我把《新京报》书评的核心内容做了介绍，比如两位作家的写作特色、对他们得奖的全球争议——尤其是针对汉德克的，这就关乎“文学和政治”的“敏感话题”了。诺奖颁给了他，秉持了“文学不等同于政治、词语构建和创新是作家之本”的信念——对此我个人赞同，但一个来自马其顿的女生不同意，说文学和政治关系密切。我还朗读了《太古》的《骂观众》的书样——用的是“真骂人”的舞台口吻，一个俄罗斯学生说：“老师，您能慢点读吗？”还有一个最活跃的法国男生在听着听着《骂观众》就崩溃了——“写这种烂东西，竟然还能得诺贝尔奖？！”

我说别忘了，人家可是在20多岁你们这个年龄写的!

我还发现，对翻译专业的外国研究生最有用的“合口菜肴”——一年一度最难得的，是中国翻译家在得知被翻译作家得了诺奖后的意外感言以及惊叹。这次在《新京报》上“有话特别想说”的是易丽君和梁锡江两位翻译家，他们分别从波兰文和德文翻译了作家的代表作。那口吻像深有感触，如同自己也得了大奖。

这我完全能够理解，尤其是从波兰语——那么小的语种中译书，即便翻译出来也难寻读者，翻译家在一字字破译文字密码时，一定忍受过“冷宫”中的寂寞。

翻译本人小说《美国总统牌马桶》的哈威就受过那种寂寞，他译书的那两年，我每年圣诞节都惴惴不安地向他发“圣诞快乐”的信息，但每次回信他都十分迟缓。有一次他回信说：“Jimmy呀，你可知道，我这两年每年都处在和你的页页书稿和阴冷潮湿的肉搏中，听着伦敦大本钟敲打圣诞夜耶稣降临的音讯的呀！”

再回到课堂，我对学生们说他们都是了不起的翻译家——这从“书摘”的不俗文笔上就能看得出，而大翻译家和大作家在文学史上地位等同，都将不朽。

课后，我把两本诺奖中文书和本周《三联生活周刊》(专题也是诺奖)借给几个学生阅读，当然，还有那本“残雪亲笔签名”的《五香街》——忘记从前读没读过，这次我粗看了下，的确距二位新科作家有不短的距离。

兴许是境界之差吧。

互联网词汇——汉语词语的最前沿

2019 年 10 月 28 日

上次漏说了，班里有个来自印度的同学，万分喜悦——在北语教了十多年书，南亚来的有巴基斯坦、尼泊尔学生，印度来的，于本老师，还是破天荒第一次。

新预测说，2050 年世界最大经济体，第一是中国，第二是印度。

本堂课主讲互联网，从网民数量上说，无疑，第一是中国，第二是印度，或许这个数字，2050 年会颠倒。

本堂课用的教材是《新京报》“世界互联网大会特刊”——去年用的就是这个，掐的时间，是乌镇互联网大会开幕的第二天。记得去年那份“会刊”中夹了重达 500 克的“实体广告”——当我把几十份报纸抱到教室后，差点得了从未想到会得的“五十肩”。

去年的报纸，也是从南礼士路把角报亭小陶处“筹集”的。

说到“翻译课”的重点——语言。

汉语如河流，几千载流下来经历了“几道弯”，大块地说第一道弯子是“五四”，1919 年；第二道是 1949 年；第三道是 1978 年；第四道是 1994 年——我粗略归纳的，以我的方式。

在中国的第一道弯子之前，还有一个“汉语转折点”，是 1868 年——日本的明治维新。

1868 年之前，“汉字圈”占绝对统治的书面汉语，可统称为“古代汉语”，之后，日本开始了“言文一致运动”，用了50年，将汉语初步“西化”。

1919—1949年，中国汉语开始在几股潮流（包括来自东瀛的）的冲击下西化、白话。

1949—1978年。新中国成立，“红色汉语”——受苏联影响，在汉语中逐步“落地”——由此，带来各种中国特色的词汇，比如“上层建筑”。

1978—1994年，改革开放开始，欧美经济类概念词汇大量被译介到汉语里，比如“财务报表”“微观经济学”。

1994年至今，互联网时代开启，新词语被创新、转译，中国语言进入了“互联网新纪元”，当然，还有少许来自东瀛的“动漫用语”，比如“梗”“丧”等。

不看语法，单从词汇看，几个“弯道”冲下来，汉语从“之乎者也”——1919年前的，到“你、我、他、她、它、他们、我们”——1949年前的，再到“无产阶级专政”——1978年前的，之后是“国民生产总值”——1994年前的，直到今天的——人工智能、5G、自动驾驶芯片、颜值……

语言学有“历时”“共时”说；翻译，词语脉络，也能这般梳理。

1949年之后的互联网词汇，和之前的经济词汇一样，都发源于西方，源自英语，在别的拼音语言中——如俄、法，甚至日、韩、阿——我向听课同学一一核实，是不用翻译的，但在表意的汉语中——除了少数的用“因特网”表述“Internet”之外——其他的，都被老老实实地“意译”成了汉语，比如“互联网”“下载”“人工智能”……

能想象吗？自1994年人类进入“www时代”以后，不知不觉间，汉语中铺天盖地“新晋”了多少新词汇、新理念。对这些词汇——我敢说，100年前的中国人绝对不懂，现年80岁以上的中国人——也大多稀里糊涂。

对于第一波西方经济政治词语如潮水般进入汉语，本人深有体会。1989 年到加拿大读 MPA（公关管理硕士）学位时，我是从英文教科书初次习得的西方经济、管理词汇的，比如现今通行的“可持续发展”“金融杠杆”“按揭”等，那时候中国的经济教科书上基本没有那些内容，那些词汇也还没译成中文。之后的十几年，它们——那类概念和词语，仿佛泥沙裹挟着石块，被大流量冲进汉语的长河，来了就安家落户，喧宾夺主，变成今日国人的口头语和概念词——

“这个月，您按时还按揭（mortgage）了吗？”银行职员用和蔼的声音来电。

慌了神的你，赶紧把这话传达给墓碑下的先人，可是——先人不是不想还，而是听不懂。

你于是，就想换成“二次元”装扮和他“视频”一次，但更加不能沟通……

因此，我在本堂课结束时对已经被十多版《第六届世界互联网大会会刊》上面密密麻麻的网络新汉语词汇弄得不知所措的“万国学生”们说——同学们不要惧怕这些新汉语，它们的词源大多是英文，不仅对于你们来说它们神秘、新潮，就连 20 多年前的中国人，也没一个人知道它们是什么，只要你们认识了解了它们，我保证，大家就站在汉语世界的最前沿了！

科技（专业）语言翻译小窍门

2019 年 10 月 29 日

上堂课布置的作业，是在“15 项世界互联网领先科技成果”中选择一项研究。比如：华为技术有限公司的“鲲鹏 920”，赛灵思公司的“Versal 自适应计算加速平台”以及特斯拉公司的“特斯拉完全自动驾驶芯片”……

一头雾水，不知所云，缴械投降——同学们肯定如此思量。

以上，都是所谓的“技术汉语”，不懂技术的文科生，如何应对？

其实，小诀窍还是有的。

首先，网络技术汉语的源头大多不是汉语，是英文。你们眼前的这些“天书”一样的文字，已经是“二手文字”了，倘若你要将它们再译成俄语、法语、韩语、阿拉伯语、马其顿语……等于是将第一手译文，变成第二手译文，就是：英—汉—俄、法、马其顿、日……

具体说来，就是你看到的汉语，本身就是从英文翻译过来的，而你做的，是把它们——译制品，再转译成你的母语——第三种文字——这样一个路径。

认识这点，很有用。

鉴于以上，为了“偷懒”，完全可以尝试采用以下几种战略，以最省事的方法破译这团“技术汉语”的谜局：你从三种语言（英、汉、你的母语或其他）中你最擅长的那种语言入手，先借用它将某一项技术概念解读——从原理到词汇，然后，再将你的理解，应用到两种或者三种语言之间的“对接”之中。

双向对接可以，比如英—汉；三向也行，比如汉—母语—英。

以上这个“套路”，不只是对翻译这些“技术汉语”有用，对理解我们《环球时报》上那些国际新闻也同样有帮助：因为那些新闻的源头，是来自国际的，国际政治经济语汇和概念——再复习一下现当代汉语形成的那条“河流”——大多也是近百年或近几十年才从英文被转译成汉语的，其中有很多“国际通用型语言和概念”，比如“地缘政治”“英国脱欧”之类，因此，破解、读懂、翻译国际政经类文章的方法，也和“对付”“技术汉语”的大同小异。

只不过，“技术汉语”的根基是“技术原理”，对那些原理的大致了解和知晓，于破译“语言谜语”来说，是很必要的。

中国作家对《金蔷薇》作者“老康”的初恋

2019 年 11 月 3 日

继上星期的“5G”之后，又一个技术概念来了——本周四《北京晚报》（10 月 31 日）上，有两条“区块链”的文章——新科技、新生活，它们将我们带向迷惑难解的 future！

Blockchain，将携手 5G，联合打造——最起码五年的明天。

“最新中文”，也将环绕它们——年年扩充。

接下来，从“五色土”栏目上，发现了一篇“美文”——北京作家宁肯的《敲贝多芬的门》。

这是篇一流文章——无论从主题、结构、语言，还是文字中散发出来的“智商”，牵出一个话题——翻译家——注意，不是“翻译”，该如何读懂被翻译的“文”——文之美、文之味、文之形状、文之魂。

宁肯的文章，是环绕“命运”主旋律——贝多芬第五交响曲中的“3331”旋律写的，被敲的是“门”——用音符、气息、决心以及冲动！

你敲门，还是被敲？

书的命运、作家的命运、作品的命运——在美文中，被一阵阵叩击。

下一篇是中俄文学互动典范——《金蔷薇》作者“老康”——康·帕乌斯托夫斯基在他乌克兰的祖父家写“儿童文学”的故事，袁敏译的，她原是作家出版社编辑，但她不清楚她的“文学初恋”——竟然写过那么多儿童文学作品。

“初恋”在一个读者和一个作家之间，是感觉的桥，是梦的摇篮，是命运的定格。

一国著名作家的某一类作品——全然不被知道，这，就是翻译家的新使命。

再次强调，“翻译”——绝不等同于“翻译家”——后者，永不会被5G、区块链取代。

区块链会“去中心化”一些东西，但无论如何“去”——灵魂，也不可能消散。

翻译的神圣，是传输灵魂：一种思想的魂，借助另一种文字，从一个作家、一个民族——被引渡到另外一个国度。

因而，翻译宁肯这篇一流文章的难度，几乎高不可及——被翻译后，原始文章的文字风格不能有丝毫改变，它们不变，译文的魂就不散，就能从中文的文章中、字句里被原封不动地“移植”到你们国家的语言里，让其在异国的“文字新家”中——永久保鲜、安居。

作家、翻译、编辑三者身份的自动转换

2019 年 11 月 10 日

今年，我使用的教材是《北京晚报》上刊载的《十九届四中全会公报》。

“中国当代政治语言”比较特殊，同时，通常它是留学生语言知识的一个弱项。

因此有必要补上，否则，就无法当政府新闻发布会、外交部新闻发布会等场合的翻译。

“当代政治汉语”概念和词汇的来源有法国、苏联以及日本，大都是“舶来品”。全国大范围使用，始自 1949 年。

分析《北京晚报》上面的“四中全会”语料，会发现其中的表述方式很有特点，比如大量的“必须坚持”以及大量的“坚持和完善”往往十多个连续的。这些文字如何翻译才能变成其他国家的语言，才能读起来自如？这需要动些脑筋。

最省力的法子，可能是先从其他国家的网上浏览以前的翻译，然后对比，看看有没有规律。

本周第二篇重点文章，是“五色土”栏目上的《巴金的晚年创作》——

首先，必须让大家知道巴金是谁，他是“鲁郭茅巴老曹”——中国现代文学的核心作家之一。

更重要的是，他同时是位大翻译家，他翻译的著作与他的创作量不相上下。

他至少会六种语言，据说能用韩文、俄文简单交谈。

巴金的晚年写作以《随想录》为主，只要是“继续讲真话”——这一点，和刚过世的“大墙文学”作家从维熙相同。

讲真话，对中国作家们来说，似乎是个亘古的难题。

巴金晚年翻译的大部头是赫尔岑的《往事与随想》——本月的《读书》杂志上有篇深刻理解这部作品的文章，写得非常新颖。

有时候懂透一部书要经历上百年的“接力”——从原作者，到翻译家，再到不知多少年后的一个“最强知音读者”的偶然出现，这样，才算完成了一部作品从一个国家到另外一个国家的“漫游”——漫长的旅程。

有个同学提到了傅雷——法国文学的翻译大家，同时他写的《傅雷家书》又让他变成了作家，而且是永远的 best seller！

最后，我简单介绍了黄昱宁——一位上海译文出版社的编辑、译者，40 多岁后华丽转身，又写出了一部自己的小说，还得了大奖。

从巴金到傅雷，再到黄昱宁，几代人，跨越百多年，我们看到，作家、翻译家、编辑——这三个身份，是可以同时出现在一个人身上的，有的是三个角色同时起步——比如巴金，有的身兼两个——比如傅雷，有的先翻译、编辑，之后再亲自动笔——黄昱宁就是。

这因何可能？理由或许很多，一个重要的，就是他们的外语、母语要同时优秀，必须都是一流，只有那样，才能用一流的母语表现外国作者的一流作品，同时呢，自己动笔创作时，也才会自然地写出文字一流的作品。

与“民生”有关的新闻和用语

2019 年 11 月 17 日

鲁迅曾言道：“一要生存，二要温饱，三要发展。”因而，懂得“民生”是理解中国之必需。

本周所用教材是周三的《新京报》，这是“双十一”刚过后的报纸。能跟踪“双十一”以及电子商务，追随了今日中国经济“最酷”的部分。因而，每年这个星期，都讲一次这个时髦话题。

这份报纸的另一个纲领性话题是“北京优化营商环境推出 204 项措施”。

204 项措施中与翻译行业直接间接有关的，首先是“知识产权”——“知识产权”中包括“著作权”——把一国图书译成另外一国文字并进行商业推广时，这一点必须要留意。通常，作家去世 50 年之后，他的作品才“解禁”——任何人都可不付费用翻译，否则，就要购买版权——据我所知，中国付出的最高版权费，是给了马尔克斯的《百年孤独》。

其次是“小微企业”登记注册制度的改进。从事翻译行业可“一鱼三吃”——你既可做译者，又能做“译者的组织者”——开翻译公司：先接翻译项目，然后分配给公司麾下的其他译者，再或者，用“小微企业”既从事翻译，又能进行作品的推广销售。

本人一部小说的英文译者，就是那样“一鱼三吃”的，而且，还很成功。

还有，十多年前我工作学院的一个中国学生——英语专业的，毕业后就进了北京国贸的一家翻译公司。毕业马上能够就业，是她的幸运，不幸的，是老板要求她最短一个星期——就翻译完一部书。

当然，一周翻译一部书，通常是“实用类”的书，不可能是文学作品。

除非，你用鲁迅的法子——使劲译——译不出来“硬译”（玩笑）。

《新京报》上本周还有这些“鲜活”的热点词汇概念以及故事：

“用脚投票”“普通住宅豪宅化”“红顶协会”“容不下一张安静的书桌”“法官庭审时睡觉”“利用区块链办理不动产登记过户”“秒批”“主播带货”“五字经”“去杠杆”以及“扇贝从跑了到死了，獐子岛可以休矣”。

那么，扇贝为何不仅会死，而且会跑，它们的跑与死——究竟和“獐子岛”什么关系？

以上这些都是中国人生活中最重要的内容——民生，所涉及词语概念覆盖日常生活的方方面面，它们既鲜活丰富又非常实用，而且变化多端与时俱进，从事汉语翻译者不可不察，不可不随时了解与跟踪。

须知：即便在翻译当代中国文学作品时，这些词汇概念以及背景故事，也是构成小说诗歌的主要成分。

怎样辨别文章的“味道”

2019 年 11 月 23 日

两个多月下来，我们初步达到了“将汉语阅读范围无限扩宽并将其拉近到眼前”的目标。

我们阅读的范围包罗万象——政治经济、科学技术、国际国内、文学艺术……通过多种报纸的阅读，大家视野涵盖现代汉语的各个方面，同时，由于它们都是刚出炉的，语言的“最鲜活”体现了出来，协助我们达到了“将汉语视野推进到今日”的目的。

评判大家作业我大致使用以下两个尺度：1. 对阅读材料的理解力；2. 自我见解的表达即作文的能力。

理解力是基本功，是必须掌握的——要借助各种工具清除词汇、语法障碍，这方面没有捷径，需要用功和积累。

在读懂文章的基础上，下一步是要锻炼识别文类(genre)和文体(style)的能力。

文类：报上的文章千姿百态，分属记叙文、散文、小说、诗歌等不同的类别。

文体：在同一个文类中又有不同的文体——写作的人不同，写作的风格就会有差异；话题不同（政治、外交、经济、技术、文艺等），语态词汇就会随之变化。

这就如同不同出处的美味佳肴，有中餐、西餐、印度餐（文类）……同一餐类、同一道菜不同的厨师会做出不一样的味道（文体、风格等）。

作为“高级翻译”我们要做的，首先就是锻炼培养自己辨别各类文章滋味、形态的“知味能力”和眼力见儿，如何培育也没有捷径，就是大量阅读。当然要带着浓厚兴趣，这就如同就餐——只有把全天下的菜肴尝遍，才能一口辨别出你吃的是哪种菜、是哪个名厨（作家）做的。同理，你只有读遍全天下名著名刊之后，才能在众多书籍文章中用眼睛一瞥，就能认知出它们的风格和特点，具体说，就能看出作品出自哪个作家之手。

为何大翻译家也必须具备良好的写作能力？

因为翻译是搭建桥梁，是用笔把外国语言文字转换成自己的母语，让异国文化过桥，走进自己的祖国。

最终读者要看到的，是你母语的文章；测验的，是你做母语文章的能力。

“对象语”文章的文类、文体千差万别，你翻译后也必须原样反映它们的文类、文体特征，翻译后还要保留其原汁原味，让其在母语中“复活”，而且风格特色不能有丝毫变化。

时事政治经济、科技文章相对中性，你使用文字可中规中矩；个性强的是文学作品，被翻译后不能“串种”“串味”——小说翻译后必须还是小说的文笔（散文、随笔、诗歌同理），同时，作家的文风，也必须原样照搬。

每个作家都是人世间独一无二的，比如今天介绍的契诃夫、卡夫卡、萨特、波伏娃、博尔赫兹……最难的是将他们写作风格在译文中再现。

假如原作是甘甜的——像卡夫卡的情书，你的译文也必须甜如蜜。

假如原作是辛辣的——像契诃夫，你的译文就不能酸。

假如原作是睿智的——像萨特，你也要跟着聪明。

但假如它们无色无味无感情——比如科技文章5G与区块链，翻译时，你就不能自作多情。

通常，翻译普希金的必须是大诗人；

一般，翻译托尔斯泰的也会写小说——比如巴金。

因此就怪不得一流翻译家一定是一流作家——尤其是在翻译大国中国，比如鲁迅、巴金、杨绛……

于是，请同学们写好作文。

“异化”和期末“发表”一些标题的解析

2019 年 11 月 30 日

一个同学在作业中讨论萨特以及“自由”“异化”等问题，“异化”（alienation）这个概念我上大学的时候（20 世纪 80 年代初）十分新潮，主要出自马克思《1844 年经济学哲学手稿》。那篇文章印象中并不长，但读起来令人心潮澎湃。

所谓“异化”，本人理解，就是使我们脱离原始的自然状态，而变成“alien”——外人、外星人。一般认为，人类社会一代代变得成熟、美好——在各种力量驱动、拉动或推动下，但用“异化理论”解读，或许是一天天变得失控、失真。

会被哪些力量异化？很多，比如商业资本、梦想野心，特别是近几年层出不穷的各种“黑科技”——5G、区块链、AI 等，可以说今天我们生活在一个资本与高科技同流合污所产生出的、几乎超出我们把控能力的新技术所野蛮、疯狂推拉的时代，一个人人“被高科技异化”的时代，我们身不由己，你要不积极参与，要不会被淘汰，而且发生速度之快、转换频率之高，要远高于过去的世纪。

如何应对这种急速的变化和不可知的未来？如何既跟踪社会潮流又不失去自己的本真，不被异化？是值得大家警惕和思考的。

下月大家要连续三周做学期末“发表”，内容选自 11 月 23 日的《新京报》以及 11 月 27 日的《环球时报》。这样，就可将中国国内新闻和国际新闻全覆盖。以下，是一些标题的解析。

《新京报》上的：

1.《谁来化解民众姓名生僻字的烦恼？》——有趣的现象。“生僻字”就是平时不常用的字，用在名字中会给别人带来诸多不便。当包含生僻字的名字被念错时，更会产生诸多戏剧效果。这是“中文特色问题”——由汉字的象形特点造成的，用拼音文字取名，就不会有这个问题。

2. 《负面清单“瘦身”养老等市场准入放宽》

“负面清单管理”——“Negative List Approach”，是近些年开始普遍使用的管理方式，用于市场准入、行政管理等诸多领域，是一种新思维、新视觉、新哲学。

“瘦身”这个比喻非常好。让原来像“胖子”的规章制度“减肥”——好似美国财务上的“缩表”（shrink the table）。

3.《学生违反校规校纪情节较重，教师或可要求家长到校陪读》（教育部发布《中小学教师实施教育惩戒规则（征求意见稿）》），其中还包括“罚站一节课”等条款。

假如征求我的意见，我完全同意——因为我的孩子早已毕业!（玩笑）。

这条新闻很具喜剧色调，能引发各种奇葩联想——比如倘若半个班的学生都“集体严重违纪”，家长都要到班里去陪读的话，那不就变为“二代同堂”了。总之，好在是“征求意见稿”，尚可发表意见。

《环球时报》上的：

1. 媒体大亨欲阻特朗普连任，社会分裂难猜美大选结果——《布隆伯格参选搅动美政坛》。

“大亨”形同“大腕”“大鳄”“大佬”，既有钱又有势，比如“房地产大亨”“金融大亨”。

“坛”的用法在汉语中十分广泛，既可“天坛”“地坛”“月坛”，还可“体坛”“歌坛”“政坛”。“界”字有相似之处，既可“地界”“国界”“边界”，也能“商界”“政界”“戏剧界”。

布隆伯格是一个“非典型民主党人”，特朗普是一个“非典型共和党人”——那么，思考一下：“典型的”民主党人、共和党人，应该是什么样的？

2. 两条印度消息：《印度菜难吃？美国学者被批歧视》《印度要“替代”中国旅游市场？印度游客的全球消费能力到底有多强》。

前些日子印度闹起了“洋葱涨价危机”并波及许多周边国家。印度菜和“洋葱”有何关系？为何引发整个地区的经济震动？有趣的议题。做大做深了，可做成博士论文。

北大作论文有“小题大做”的传统，一个“小洋葱”（onion），可从饮食文化和气候、农业生产历史、物种传承变迁、国际邻里关系等诸多方面递进展开，拓展为大的研究课题。

我案头有一部《“她”字的文化史》（黄兴涛著），近 20 万字，写得很有才华，是典型的“小题大做”。

看来“洋葱”课题，也可候选。

未来几十年中，人口大国中国、印度或许会成为世界出境旅游人数最多的两大国度。

请关注印度。

3. 《法国镇长呼吁“鸡鸣鸭叫”申非遗》“非遗”——“人类非物质文化遗产”（the Intangible Cultural Heritage of Humanity）。

Intangible——不可触摸地，因此也“非物质”。至于，为何法国这个小镇要把鸡和鸭的叫声，当作“人类不可触摸的文化遗产”申请，我们饶有兴趣。

4. 两条英国的：《英国人喝茶不再流行贵族范》《英国人算术差影响经济》。

“范”——Style。

不敢妄言英国人的算术水平，但同英语比，用汉语算术的确有速度优势。汉语的数词表示方式简洁，比如说“八十一”“万”“十万”等数字时许多欧洲语言都在表述中有加减乘的因素，而汉语没有。

因此，《中国人为何能通过“最残酷考试”》——另外一篇文章，是指 CFA（特许金融分析师）考试，可能就是因为在心算掌握方面以汉语为母语的人更快。

有一个有趣的现象——无论你会多少其他语言，通常人们只用母语心算。本人在《妈妈的舌头——我学习语言的心得》一书中曾做过详细论证。

5. 《房市“立冬说”不合实情》

“房市”——房屋市场，楼市。

“立冬说”——用节气的名称表示寒冷，低迷，有切身感受的效果。

6. 《阿里巴巴成为港交所新“股王”》

又是阿里巴巴的消息！

港交所——香港证券交易所。

港交所的指数是“恒生指数”。

上海深圳交易所的指数是“沪深指数”。

东京证券交易所的指数是“日经指数”。

还有纽约证券交易所、伦敦证券交易所等。

另外，还有一条关于香港的文章，是在《新京报》上：

《香港不需要暴力，也不需要仇恨》——我赞同。

预祝大家发表（presentation）愉快！

畅销书 vs 长销书，20 年畅销书画风变迁

2019 年 12 月 8 日

（本周选用的教材是 11 月 23 日《新京报》的“书评周刊”）

北京的报纸是全国水平最高的，尤其是书评和书话，分布在《北京晚报》周五的“书乡”、《新京报》周六的“书评周刊”，《北京青年报》周五的“文艺版”也有一些。

“北晚”的“书乡”读起来比较亲和；“书评周刊”更加理性、专业。

这期“书评周刊”首先讨论的是畅销书和长销书。

和任何 best-seller 一样，卖得最多的书不见得是最好的书，其中有许多偶然性，推动的力量主要来自商业，但商业追求的是回报，回报低了就不积极。

畅销书好似天上的流星，在某时某刻，唰地从空中耀眼划下，又瞬时消逝。

长期销售的书才是最好的，在万千书中，长销书是凤毛麟角。孔子的书、莎士比亚的书、托尔斯泰的书才是长销的书。年末时节，难得《新

京报》做了这样一个专题——“20 年畅销书画风变迁”。

20 年中国社会的变迁可有多种参照——比如住什么房子、开什么车子——还有，就是读什么书、什么书在中国曾经畅销。

从《第一次亲密的接触》到《三重门》《上海宝贝》，到《穷爸爸富爸爸》《谁动了我的奶酪》，再到《狼图腾》《哈利·波特》《挪威的森林》，还有《小王子》《人间失格》……

20 年间一浪高过一浪的热销，这几十本书的爆炸性能量将文字的碎片压缩进中国人的大脑。

了解一个国家几十年书籍的畅销史，是解析一个国家的人“曾关心什么、想过什么”，同时又“忘了什么”的捷径。那些文字，曾在一国国民的脑海中掠过，驻足，离开，但多少留下痕迹。

人脑不会是空荡的，被塞进去的，有音乐，有形象，有口号，有带着魅力的文字以及文字材料包成的“故事馅儿包子”。

你会发现，中国人阅读的畅销书中的一半并不是中国人著述的，比如《追风筝的人》《岛上书店》《解忧杂货店》《小王子》……

对这些故事的执迷，是中国人心灵走向世界的说明。

了解畅销书时注意，它们是畅销的，是火热的，但不见得是最好的书籍。

那么，什么书能成为长销不衰的书？

什么是最好的书——Best-book？

没有绝对的尺度，例如连英国作家毛姆（Maugham）自己都承认他是“二流作家”，但他的书最长销。我读过他的书，我尊敬他的自知之明。先从三流说起，四流的就不说了。

三流的作家遍地都是，比如写《上海宝贝》的卫慧就是其中之一。一般人写过为数不多的平庸的书，从“三流作家”的评定标准看，就达标了。三流作家顶多记录描绘了这个世界的一个角落，一个碎片，一个细节。

但也应祝贺他们！

当然，写《狼图腾》的那位从没露过面的神秘作家，恐怕不是三流。

二流作家的尺度也很高，比如村上春树、毛姆、乔伊斯、普鲁斯特，甚至巴尔扎克、莎士比亚。

一流的顶级作家——按照我自己的尺度，是伫立在珠穆朗玛峰顶峰岿然不动的人。到目前为止，达标的仅有三个——一是托尔斯泰，二是雨果，三是鲁迅。

从三流到一流，他们如何分工？

三流以下作家告知世界发生过或者发生着什么——通过描写故事，但他们文笔平平。

二流作家仍然告诉你三流作家告诉你的那些事情——但他们的笔法特别，他们更有才华；区别他们和三流作家的，还有他们写作的体量，比如巴尔扎克。他们能用丰富的文章，全景记录描绘一个时代的一个时期。

他们全方位告诉你——真实的世界是这样的。

一流作家在包含二流作家的全部“作业”的同时，更加跨出一步，一个大步子，几乎跨出了地球。

他们不仅告诉你真实的世界是怎样的，进而，还能帮助你分析出为什么是这样或那样的原因，最后，他们能用直接或间接的方式，告诉你——世界应该有其他可能，应该变成另外一种样子，或许，那种比眼前的更好！

所谓的直接方式，就是向你展示另外一种人性的可能——比如托尔斯泰对人类幸福的大篇幅探讨。

所谓的间接方式，就是用提醒“人不应该这样活”——告诉你那是错的，而当知道那是错的时候，你已经接受并认可作家为你提供的另外一种活法。比如鲁迅对阿 Q 的嘲讽和批评，看了之后，叫你不想成为阿 Q。

当然，以上的“三分法”，只是我自己的尺度。

这类自定尺度，每个喜欢阅读的人最终都会有，但尺度产生于丰富阅读经验，因此，请同学们大量读书。

第一次“发表”的小结——“求同存异”

2019 年 12 月 16 日

第一次发表的五位同学来自美国、俄罗斯、乌兹别克斯坦和埃及。

选择主题为“韩国外交”“北京营商环境”“中国与乌兹别克斯坦畅销书籍对比”“韩国厨房综艺”“中埃友谊”等，覆盖外交关系、地方经济、比较文化、大众娱乐等不同的领域。

关于国家之间的关系，中国有句古语——“求同存异”，我们做文化翻译和研究的最终目的，我个人认为是：1. 发现不同国家和文化之间“共同”的部分——通过学习了解国家之间以前的交流历史；2. 建立新的“共同”——通过翻译的手段，在文化之间建立新的沟通桥梁，让优秀文化抵达彼岸——他国读者的视野，而当对方欣赏并接受你的文化之后，“新的共同”就建立起来了。

法语名著《小王子》同时登上中国和乌兹别克斯坦畅销书榜，就是最好的例证。

优秀的文化，是全人类共同的财富。

介绍《北京晚报》11 月 28 日文章《阿多尼斯新著完成后，为什么要多次强调“献给薛庆国”》——《桂花》书后的友谊。

阿多尼斯是享誉世界的阿拉伯语诗人，他年近九旬时来华巡游，写出的诗集《桂花》精彩非凡，充分证明用不同视角观察并书写中国故事的神奇性。

建议同学们也用中文书写中国故事。

一般，能用异国语言创作，是作家中的极品。

近当代，能用英文写作的中国作家为数不多，早先有林语堂，当代有哈金；能用法文写作的有盛成，代表作是《我的母亲》。

我们班就有能用中文写作的高手，去年那个班也有，巧的是几个同学大都来自埃及，或许是文明古国之间的文脉相通？

这篇文章是《桂花》的责任编辑王理行写的，其中最令人感动的是阿多尼斯执意要在中文版的书上写“献给薛庆国”——这是作者对翻译家表示的最高敬意。

以前课上讲过作者、翻译家、编辑之间的“三角互动转换关系”——在介绍黄昱宁时说的，而这篇文章，是一个新的例证。

第二次“发表”
——从印度洋葱危机到莎士比亚书店

2019 年 12 月 24 日

这次同学选择的课题比较丰富——从印度的洋葱危机问题到东风 41 战略洲际导弹，从 5G 在北京应用进程到土耳其女作家作品，再到北京实体书店的扩张——跨度比较宽，力度比较大，挑战性也随之上升。

在中国最受关注的土耳其作家有帕慕克（Pamuk）——他写的《雪》，也涉及亚美尼亚问题。

作家在敏感问题上持怎样的立场，永远是个话题。

对于印度来说，咖喱、洋葱，是“舌尖上的刚需（rigid demand）”（有一个美食节目名叫《舌尖上的中国》）。洋葱价格与印度 GDP 的关系，也值得进一步追究——“究竟是因为洋葱价格飙升导致印度 2019 年 GDP 的下降，还是相反？”这位爱明同学是本老师从教 15 年来在北语见到的第一个印度学生，值得为他的到来点赞——中华文化的佛教部分发源于印度，我个人对印度文化始终十分敬仰。

古埃及、古印度、古中国，四大文明古国，咱班上就“三缺一”（打麻将专门用语）——少古希腊了。

至于在北京的实体书店中——尤其是那些国营的，比如三联书店、王府井书店、西单书店，即使你不买书也可以坐着阅读——甚至有些读者脱了鞋后把书店的空气搞得非常污浊。还有，在三联书店的层层台阶上总是坐满了“蹭读”的人——大多是青少年，这是一种什么现象？

从经营上说不通——法国诗正言同学说在欧洲的书店里一般是不允许的，但假如我试用传统中国“读书观”解释，就是中国自古有穷人靠读书、靠科举改变命运的“标准成功模式”——看过“金榜题名、洞房花烛”的戏剧吗？因此，贫穷在传统中国观念中并不被人耻笑，被耻笑的反而是富有却不读书的人，于是，就有在 24 小时不打烊书店里免费读书的这道“阅读风景”了。

读书有功利性，但更有非功利的一面。

这对于读书人来说是这样，对开书店的人来说也如此。

西方也有类似的例子，比如闻名世界的巴黎“莎士比亚书店”——它不但是《尤利西斯》（*Ulysses*）的孵化器，更是贫穷漂流作家的小港湾，能在那里的“作品产床”——由女店主毕奇（Beach）女士提供的免费床铺上睡上一觉，曾经是天下作家的奢望，但起床后你是否也能写出《尤利西斯》那样的名著，当然也不见得——毕竟不是人人都叫乔伊斯（Joyce），也不个个都是海明威（Hemingway）。

因此，再去西单王府井书店找书时，即使你被熏得窒息需戴口罩——也要抱着敬意去看待那些坐地脱鞋捧读的——未来的曹雪芹和海明威们！

还有一部与书店有关的名著《查令十字街 84 号》（84，*Charing Cross Rose*），那是一个凄美的爱情故事，建议爱书的同学们阅读。

诗正言同学选择的题目是《美军称中国再次试射“东风”–41》（《环球时报》11 月 27 日）——这个议题好吓人呀，但既然战略武器真实存在，那我们就不得不思考怎么才能让它们永久休息——维护和平是咱们人类的共同使命。

2019 年最后一课

2019 年 12 月 28 日

最后一课（刻），通常是激动和感伤的。

从前的课堂记录都供学生复习，最后一课的记录，我将抹上文采的色调，只供本教师自娱。

由于原定“发表”的五个学生有两个没来，我先严厉批评他们——我说假如在公司工作，该你做 presentation 你不来，那你干脆明天就再别来了。

大家的时间，都要尊重。

说完，我就想着如何在空余的40分钟（每个发表20分钟）“尬聊”——来填塞时间的“缺儿”。

第一个日本学生讲的是“体罚”话题。她说完，我就问哪些同学受过体罚，有三四个，埃及的、马其顿的，而且都是女生。我问因何？马其顿女生说她小时候淘气。我用《简·爱》里的体罚情节举例，说体罚不是中国才有，百年前欧洲也很普遍，这和家长能否打孩子是一个逻辑——从前爸妈能打，老师也能——中国先生用“戒尺”打，还有罚站。说到这，我把半个身子探出教室，说看看楼道有没有罚站的学生——我当然是幽默一下，但学生们没看明白。

我说古代中国讲“师道尊严”，后来不讲了，而是相反。

体罚在中国基本灭绝，和只生一个孩子的政策有关。

罚坏了，就没人孝顺了。

孝顺和第二个话题“中国式养老”有关——是那个马其顿女生做的PPT，特棒，是最好的。同时，她还介绍了什么是“负面清单”。

“负面清单”是一种思维方法，非常聪明，只告诉你什么不能做。

比如在北语校园你不能在室内抽烟，你不能上课迟到，当然，该你发表时，你不来，也绝不允许——本教师记仇。

我说中国的养老不是问题——当我们有很多孩子时，哪怕你的退休金微薄得可怜——因为中国自古有孝道文化，有“养儿防老”一说，只要儿子们在，老人就不会贫困。

下一个英国伦敦来的男生讲的就是“贫困人口”问题——他介绍中国政府计划在明年——也就是不到一个星期之后，就会让所有贫困人口脱贫。

我点评说这当然是件好事——有一种美中不足的可能，就是为了让一个人脱贫，要三个拿工资的人去帮助，而他们的工资总和，是被帮助人的多倍。

即便如此，政府的愿望总是好的。

我还介绍了马克思“相对贫困”理论——咱们所有人和比尔·盖茨和马云比较，都是赤贫。

世界上绝对贫困不难消除，难的是消除相对贫困——解决贫富之差问题。我介绍了“基尼系数”理论，总之，世界几个大国的贫富差距都很大。

“尬聊”时间到，我必须用智勇填空这“五缺二”的剩余时间——老师没备课又要按时下课，大把时间里咋出彩，是每个职业教师都会遇到的“头脑黑洞”——必须填，但不好填，这场合，即便我这个没有“高校教师资格证”却已有15年教龄的“局外人”，也心虚。

对了，既然到了年根儿，就说点“跨年话”吧——我说每到一年倒计时的时刻，我都要做一年的盘点——这一年中最好的和最坏的三件事情是什么，比如对于我来说——如果只说好的：一年中能出版9本书，是意外的好；去了世界屋脊西藏，也是；上了《北京晚报》，更是破天荒的——这个我没当堂说，实际上，我原本是凑齐了三十几份11月1日的《北京晚报》（“书乡”上半个版面介绍我和《雕刻不朽时光》），准备分发给学生们读来着，可临上课前改了主意：报纸照样人手一份，但我把第38版都从报纸中取出来了。

说完我的“一年三件事”，我就问学生们的了，比如你们中的一些人今年第一次来中国、到北语，算不算好事和转折点？

收获频频点头。

成功消磨第一个10分钟。

还有30分钟。我瞥了瞥墙上的挂钟。

想到有几个法国学生在朋友圈中晒他们得了北语汉语口语比赛大奖——我就让那个得了三等奖的学生上台，说我咋就不相信你能得三等奖呢？你那天都说了什么，现在说说看。他上来了——我说你可别怪我“抓壮丁”，要怪就怪那两个不按约定发表的同学吧。他先腼腆了一阵儿，然后说那天的演讲题目是“人类命运共同体”。我让他用法语先说了一下那个概念，于是，他就稀稀拉拉说开了……

我继续瞥着那个挂钟。

就剩下20分钟。我想到了美国，让那个美国女生上台，叫她模仿下一任美国女总统说一个新年的寄语。没想到她不直接说，而是花了几分钟的时间澄清她绝不喜欢特朗普大叔——因为他把美国和法国、韩国、中国的关系都搞坏了……她越绕弯子，我就越暗自高兴，因为倒计时的下课时间已经临近。这时班里热烈起来了，进入了兴奋状态，异口同声问，假如让她投票她投给谁，没等她答，我抢话说——就应该投给 Stephen Colbert——那个专门在“Night Show”中嘲讽特朗普的脱口秀演员。

临了她说出一个她想选的名字，没记住。

最后一个代表大国出场的是那个前些日子把脚弄伤、来自俄罗斯乌拉尔山地区的家琳同学。

就是在作业里能用中文写顺口溜的。

她十分严肃，说她这段时间读完了严歌苓 25 万字的《小姨多鹤》……我连说好。

临下课前，我把重达十几公斤死沉的 32 本寒假“观赏书”——从家的书山中精心挑的，都是世界名著（除了拙著小说两种）分发给每一个学生，告诉他们要这么这么这么——在假期里与中文整本书密切接触。之后，大家用各种语言问新年好——那个俄罗斯女生还我说的俄语不对，准确的说法应该是什么。我看她挺好，就赶紧一溜烟，在学生们余兴未尽的欢声笑语的护送中，滚到了已经黑下来的（下午 6 点）楼下。最后一课，有惊无险，完事大吉，还有跨年余味儿。

编后感言

亲爱的同学们：

昨天，终于收到了乐天爱同学发自埃及的最后一份作业，本学年也就结尾了。

从没有人想到2019年到2020年的这个学年——你们来北语读研的第一年，会用那么平淡的起点开始，又用这种史无前例的方式结束，而且从今往后的下一学年，还不一定会是什么样子。

这是我担任“主题汉语讨论课程”教师的第四个年头，也是我第一次企图把上课的大致模样用札记的形式记录下来。原本只是想“备忘”，但谁会知道它是否将是一个“终结的备忘”？

“备忘”几乎是全方位的：我上课感觉的备忘，课程内容的备忘，非常时期大家焦虑心情的备忘，同学间真挚友谊的备忘，对北语遥远思念的备忘……文学的备忘，翻译的备忘，爱的备忘，忧郁的备忘，生命留痕的备忘……

去年9月，我们在北语课堂热闹相见，而此时此刻，大家却天涯海角各自飘零。

转眼间世界突变，国际关系突变，那么，大家对汉语的喜好和研读——也会跟着变吗？你们今后文学翻译之路又怎样才能持续？

我想大家不分国度、不分种族、不分立场，疑虑是同样的。那么，或许这堆由大家不经意“众人拾柴”汇拢起的“文字篝火”——这份“应不幸之运而生”的汉语课堂备忘录，只要它存在，它不熄灭，就能给身居地球各地的你们送去一年来大家在课堂、网上共同学习内容的总结。它既是咱们无比珍贵的集体回忆，也是一部“希望的备忘录”。让我们好好收藏住它，一起等待晴空万里明天的来临。

齐一民老师

2020 年 8 月 8 日晚于复兴门

写给每位同学的信

同学你好！

随函我把“主题汉语讨论课程备忘录”发给你，希望它能帮助你回忆过去两个学期上课的点点滴滴，也纪念这个不平凡的年份。

由于“主题汉语讨论课程”至今没有合适教材，尚处于模式探索阶段，而我是至今担任这门课程教学时间最长的教师，因此，编纂这本“备忘录”的目的是将几年来教学实践摸索做一个总结，同时，它也可被当作高翻学院后续留学生同学们的“试用参考教材”。

由于篇幅有限，我在选择摘录大家作业时采用以下“优先”原则：

第一，与翻译课程有关内容优先；

第二，与“2020 特殊时期”有关内容优先；

第三，能体现同学们个性气质内容优先；

第四，能反映中外文化比较交流内容优先。

因此，即便在我眼中所有同学的文章都很出色，也没能完全收入其中。

最后，无论现在身处何地，也不管那里的新型冠状病毒多么险恶，我都希望你能在做好个人安全保护的同时，不减弱对中文学习的执着，诚愿这个由同学们合力哺育而成的“课堂备忘集”能帮助你提高对文学翻译的综合兴趣，同时也帮助你坚定对人类未来前景继续光明的不变信念。

紧握你的双手！

齐一民老师

2020 年 8 月 14 日

我们的文学伊甸园

活着
余华
我的野心，
是做一个自由的人
野草
恶意
给青年诗人的信
搜神记
冯唐著
钢铁是怎样炼成的
窗边的小豆豆
没有你
什么都不
甜蜜
围城
东野圭吾
白夜行
牧羊少年奇幻之旅
草房子

日瓦戈医生
一个人的朝圣
丰子恺
此生多珍重
村上春树
Ode to Joy
欢乐颂
在细雨中呼喊
我的志愿人生
人间失格
走到人生边上
暖暖华夫心
岁月的泡沫
尼采研究权威刘国平 历时25年经典译作
余华
兄弟
百年孤独
中文版全球首次正式授权
A Dog's Life
一只狗的生活意见

2019北语高翻研究生班
同学录

乌苏曼

我叫乌苏曼，来自西非的马里。我小时候特别喜欢武打片，每次看完一部中国武打片都会模仿他们的动作。在马里北方长大的我没有机会学中文，我从小学到大学的学校都没有中文系。所以，我本科是英文专业，毕业后当过英语老师，也参加过一些翻译项目，主要是英语和法语的互译。我在研究中发现：中法翻译的比例比较少。虽然马里大部分的进口产品来自中国，但在马里的大学中没有中文系，只有三所中学向学生提供中文课程。所以我在 *Askia Mohamed* 高中学习了一年中文，拿到中国政府的奖学金之后，就来到中国学习。我学习翻译只有一个梦想，就是把马里的美丽文化，通过翻译介绍给中国人民。

金涛煐

我叫金涛煐，来自韩国。因为喜欢中华传统文化，所以五年之前来到中国留学。我的爱好是看中国传统戏曲，戏曲不仅向我展现了精彩的舞台魅力，也打开了我了解中国精神的一扇窗户。我希望毕业之后能够从事中国传统戏曲的韩语翻译工作，将中国戏曲介绍给韩国人，让他们也从戏曲中发掘中国的文化内涵，从而搭建起中韩文化交流的桥梁！

赵佳一

我是一位来自阿拉伯的双子座少女，今年26岁。我有着贝都因女人的坚忍和高傲。佳一是我的中文名字，*Aya*是我的阿语名字，寓意着“奇迹”。阿拉伯人经常说“每个人的名字会反映个人的性格”，我并不是说自己是一个奇迹。但也许你就是一个奇迹，只是你还没有发现真正的自己。我们要从内心深处相信自己，相信自己就是那个独一无二的人。有些人不喜欢沙漠，认为沙漠干旱缺水，了无生机。但在我心中，当你身临其境时，沙漠会令人感受到一种来自内心深处的孤寂，令人反思。我喜欢一个人在无垠的沙漠中行走，感受阳光的炙热，也感受生命的纯净。

桑戈里

本人叫桑戈里，出生于1987年，来自西非的马里。我的爸爸和妈妈都是老师，我认为家庭教育是生命中最重要的环节之一，它不仅仅教会孩子尊重家庭成员，也教会他们如何面对生活中的问题。我在马里大学学过英语和德语，之所以选择学习更多语言，是因为我希望通过旅行来了解世界上更多的国家和文化。在中国学习的经历，让我更加了解中国文化，也促进了我个人的发展。我对中国的语言和国家发展特别感兴趣，对中国的生活方式也很感兴趣。

瑞吉娜

我是来自俄罗斯的瑞吉娜。在俄罗斯，人们经常说："最糟糕的是后悔自己没有做的事。"如果您有梦想，那就为之奋斗；如果您想去某个地方，那就要去。在这个世界上，没有什么是不可能的，一切皆有可能！所有的恐惧都来自我们自己，开始行动，恐惧就会消失。

我相信文学是一种非常有趣的艺术形式。人类的命运，历史文化和时代发展都可以在文学中交汇。每个人的生活都是丰富多彩，新颖独特而又充满事件的。伟大的俄罗斯作家在给年轻作家的信中说："要写出一部真正好的作品，就必须写出自己所知道的，自己经历过的。"因此，我的文学创作都是基于自己真实的故事、感受、情感、梦想和希望。

东方明

我是东方明，来自埃及，1994年生人，目前就读于北京语言大学高级翻译学院的阿拉伯语笔译专业。我热爱绘画、音乐和动漫，业余时间喜欢看B站上的电影解说，如果看到感兴趣的电影就会去观看。因为从小就接触汉语和中国文化，所以从电影、电视剧到动画片都看过不少，我尤其喜欢武侠片，像金庸先生和古龙先生的小说翻拍的电视剧都看过好几个版本。我曾看过不下五个版本的《西游记》电视剧，还有N个版本的动画片。

宋欢笑

我是来自俄罗斯的Anastasia，我的中文名字叫宋欢笑，今年25岁。我的俄文名字意思是“复活”，中文名字的意思是“送给别人欢笑”。我来自俄罗斯远东的库页岛。如果看地图的话，可以发现我比东北人还东北，是真正的东北人，但我还是觉得自己是老北京人。本来我没有打算来中国留学，但父母反对我去俄罗斯西部上大学，我偶然看到一个“欢迎来中国留学”的广告，就决定到中国留学。我从2014年开始在北京留学，希望毕业后可以留在中国工作、生活。我喜欢看美剧、动漫，听音乐，做饭，拍照，健身。我还有一个自己中文名字的文身。

大勇

我是来自法国的大勇，在北语攻读法语笔译的研究生。从我小时候开始，我的家人就一直对中国着迷，对中国的热爱让我们搬到了北京。我认为命运总是令生活充满美丽的惊喜。2010 年移居北京是改变我一生的大事，没有这个机会，我可能不会对中国和汉语如此着迷。在北京的美好生活经历，使我对中国和中国人都更感兴趣。我的中文水平也逐年提升。虽然我在蒙特利尔的本科学习生活，令我暂时离开了中国，但我毕业后很快回到了中国，继续丰富我在中国这个繁华而精彩国度的生活体验。我发现中国与汉语已经成为我本人的组成部分，这种想法促使我着手从事汉法翻译研究。

白兰

大家好！我叫白兰，来自俄罗斯。我是北京语言大学的研究生，在中国已学习生活两年。我是一个比较随和的人，能很容易与别人沟通。在我朋友们的眼中，我是一个很善良的人，不过我对自己的评价是：我是一个可爱的人。在北语学习的两年时间里，我提高了汉语水平，也交了很多来自世界各国的朋友。我还参加了许多课外活动，这些活动让我更加了解中国生活，中国文化。

吴喜锡

我出生在韩国一个平凡却幸福的家庭，在无忧无虑中度过了童年幸福的时光。我小时候虽然看上去非常文静，但实际上性格有些鲁莽。我和其他同龄的孩子一起玩耍，一起学习，对这个世界充满好奇。青少年时期的我并不是模范生，虽然算不上所谓的“问题少年”，但因为不想学习，我经常与朋友们一起逃课，或者上课时玩 bingo 游戏。那时的我小小年纪，连自我认同感都没有形成。我为什么要活着？为什么要学习？我想做什么？上了高中以后，我的生活开始渐渐安定下来，我为自己定下了目标，并于 2011 年考上了庆北大学。

薇蕊

我叫薇蕊，来自俄罗斯。我已经学习汉语五年了，梦想成为一位优秀的翻译。我认为从事翻译工作是荣誉和福气，需要辛勤的工作和耐心。译者是不同民族的眼睛和灵魂，需要拥有充满爱心和知识的胸怀，才能理解并将信息在不同的语言之间传达。

我的爱好是跳舞，我喜欢认识新朋友并旅行。如果我只可以带三件东西去旅行，它们分别是：一本可以让我翻译的书、一个可以让我为他翻译书的人，还有可以让我随之起舞的音乐。

手塚伸子

我叫手塚伸子，来自日本，1995年出生。我毕业于北京语言大学和日本创价大学，目前在北京语言大学高级翻译学院读研究生，专业是日语笔译。我很喜欢学习外语，希望不断提高自己的语言和翻译能力。业余时间，我喜爱看影视剧，也喜欢看小说、旅游和摄影。我第一次来北京是在2006年，因为父亲工作的关系，在北京待了三年。那正好是北京奥运会期间，我和家人一起去观看各种比赛项目。当时的热烈气氛和北京的变化真是令人难忘！我希望将来能用自己在北语培养的能力为中日友好做出贡献！

阿凤

我是乌兹别克斯坦人，1985年出生，现在是北京语言大学俄语笔译的学生。我热爱写作，用母语为这些文章集成册子出版了30多篇文章和诗歌，并在中外学生杂志上发表过十几篇散文和有趣的故事，如《听奶奶讲起从前的故事》《回忆》《最糟糕的一天》等。我还在中央广播的《宝宝加油》节目公众号上发表过一些散文，如《感人的石头》《爱是教育的全部》《孤独》等。我将《在武汉》《生命缘》等纪录片从中文翻译成乌兹别克语，这些纪录片已经在乌兹别克斯坦央视播出了。

黄伟松

我叫黄伟松，来自柬埔寨，1992年出生。我喜欢学外语，目前会六门语言。我英文基础好，刚学会汉语就报考了北京语言大学的英汉口译的专业，入学后发现难度大，就转为英汉笔译专业。我喜爱看电视剧、看小说、看娱乐节目、画画、唱歌。我曾经画过一些漫画，也写过一些小说。在北京语言大学的时候，创作了几篇小说，如《伟松先生的故事》和《咖啡味儿》。当我写《伟松先生的故事》时，一边写，一边流泪，虽然明明知道故事是假的，但还是被自己写的故事感动了。

静璇

我是来自马其顿的*Kristina*，中文名字叫静璇。我一直都喜欢学习不同国家的语言，在大学学法语、英语和西班牙语时，我觉得自己要是能学会一门与这些完全不同的外语会更有趣。我就这样在七年前踏上了汉语学习之路，并来到中国留学，这也是我人生中最大的转折点。博大精深的中文为我打开了一个新的世界，而这个世界也拥抱接纳了我，让我完全融入了当地的文化。我热爱写作，希望在未来的日子里能够用中文写出更有深度，更加形象生动的文章。

米莉娜

我是来自美丽的保加利亚的米莉娜。我曾在中国读本科，现在正攻读硕士学位。我十八岁时获得了奖学金，第一次离开家独自来到这个伟大而神秘的国家。可以说，我在这里长大了。

我从小爱学语言，目前正在学习我的第五门语言——西班牙语。与以往不同的是，我在学习汉语的过程中找到了自己的使命——我要成为两个国家之间的桥梁，帮助双方更深入地了解彼此。于是，我第二次来到中国读书，选择了翻译专业。我写的读书报告都是分析世界不同地区的文学经典作品。我认为，一个人决定认真读书的话，必须从经典作品开始，从而借用先辈的思维、精神和智慧开阔自己的眼界。

梦琪

我是来自俄罗斯的梦琪，1996年出生于西伯利亚地区的鲁布佐夫斯克市。我本科毕业于伊尔库茨克国立大学翻译系，2019年获得中国政府奖学金之后，进入北京语言大学高级翻译学院攻读硕士，专业为俄语笔译。

在读大学期间，我不断参加各种翻译比赛，并获得金色年华第二届"儒易杯"中华文化国际翻译大赛三等奖。我还积极参加各种社会活动，我于2019年参加了冬奥会、冬残奥会全球志愿者招募启动仪式，还参加了2020年"央视跨年晚会"等活动。在读硕士期间，我开始尝试写作，到目前为止，已完成两篇小作品，即《春天在哪里》和《甜蜜蜜的童年》。我希望用自己的作品传达"幸福在小事中"的观点，并引起读者的共鸣。

家琳

本人头像是亲妹手画的钱形幸一，我叫家琳，"95后"，来自俄罗斯，莫斯科国立师范大学本科毕业生，目前在北京语言大学读研，研究方向为俄语笔译，同时在做全职实习。我会讲三种语言（俄、英、汉）。如果要用一句话来形容我自己，那就是"社畜身，'家里蹲'心"。我是一个绘画爱好者，喜欢日漫，也喜欢中国文学，尤其是严歌苓和郝景芳的作品。我是无神论者，不过有可能的话，死亡之后想做只熊。在森林里走走，吃吃肉肉，喝喝蜂蜜，冬天冬眠，一拳打死迷路的人。很高兴认识大家，请多关照。

后 记

首先，我要代表同学们和我本人，向热情关注这部书的所有师长们表示发自心灵深处的感谢：感激刘和平老师从去年我在朋友圈里一条条推送同学们精彩作文的时候就给予的热情关注和鼓励，更不要说成集后的赞扬和推荐，直到亲笔为本书撰写的精彩序言。这是前辈翻译家的拳拳之心，更是对汉语言文学走向世界的殷切期待。感谢一直关心关怀并鼎力相助的北语高翻学院刘丹老师、雷中华老师、陈玉红老师；更该感谢为这部书做出不可磨灭文字加工贡献的张琨老师，是你们的慧眼使这部原本我预想出版遥遥无期的作品集，能以如此快的速度和如此专业的编辑水准问世。

其次，作为“主题汉语讨论课”的任教教师，我最想向这部文集中所有留学生同学表示真诚的祝贺。第一，祝贺你们中的绝大多数通过潜心阅读，读完了人生中第一部中文原著；第二，祝贺你们通过“我是大作家”主题写作实践，第一次用中文写成了自己的“大作”；第三——这也是最应该祝贺的，是你们在2020年写的文章最终能在《我们的文学伊甸园》中载录，并伴随它走进千万中国读者的视线。这本书是你们绝大多数人的“中文处女作”，而从这一刻起，你们就成为名副其实的“中文作家”了！

2016年下半学期，我怀着诚惶诚恐的心态来担任“主题汉语讨论”这门课的任课教师。第一堂课就遭受了“滑铁卢”——当我刚把为大家准备的教材，也是当时能找到的难度最大的汉语阅读教材发到学生手中时，就有一位意大利学生说：“老师，这个我学过了。”从那天开始，我就开始和同学们一起探索为水平如此之高、未来以翻译为事业的外国研究生们“补需”的道路，用中医的说法是“缺什么补什么”。因为我本科也是外语出身，大学毕业后曾做过五年的翻译工作，遭遇过重大口译场合下无语失声的尴尬，自己的文学作品也曾被翻译成外文，多少能够体会身为“作者”和“译者”的双重需求。我就凭经验，努力设想从事两种翻译——综合口译和文学笔译究竟需要怎样的中文知识，而这部文集就是同学们和我四五年来逐渐摸索出来的一个“试验产品”。毫无疑问，它远远不算成熟，充其量就是一个我们齐心合力而成的“初心成果”。

在每学期第一课的开场白上，我总爱对同学们说：“作为这门课的教师，我的工作性质就是‘做导游’。”中文是个无比广阔美丽的景区，它绵延几千里，它悠远而灿烂、活泼而灵动，我只能在有限的课堂时间里，展示一些你们未曾见过的风景。我们先策马扬鞭、走马观花，你们耳濡目染、心领神会之后，往后余生可以沉下心来慢慢研究、实践——假如你们将中文翻译作为终身热爱的事业。

2019年的第一个学期，我们所做的是如何“将汉语阅读的视野范围无限扩宽，并将其拉近到眼前”（见第一学期上课情景札记），而那个学期的最后一课——2019年12月28日，应该是个永远被定格怀恋的日子——庆幸的是我将那有趣的场景用札记留存住了。那天师生间互相用“新年快乐”的祝福道别之后，我们谁都没意识到没过多久新型冠状病毒就在全球暴发，而那日北语留学生们和老师欢聚一堂的场景，不知需要用多久的时间才能再现。眼下已经是2021年2月，重聚之日依然未知。

至于2020年那个学期，我们在一片茫然中线上开学，身居遥远异地的师生们用“笔谈”授课交流，同学们那些发自肺腑的文字和言辞中的神采奕奕，大家都从书中读到了，我不再赘述。现在，我只是特别想感激“文学”这个“艺术”——你不仅可教授、可学习，还可以被当作一剂治愈面临巨大灾难时内心不安惶恐的通用良药；是你，让我和所有文集中的同学们能够用我们人数不多、长度不大的手臂将地球紧紧环绕起来，用魔力巨大的汉语文学抱团取暖，我们才一起安心度过了2020年初那段让所有地球人迷茫恐惧得如堕入万丈深渊的“黑洞时光”。如今我们高仰起头——在这2021年的同样时辰，尽管疫情还在肆虐，但我们大家都还快乐无恙地“活着”——而那部名为《活着》的著作，不正是大家在课堂上阅读、讨论过的吗？

齐一民

2021年2月2日